ガンにも感謝！
これが私の生きる道

すみ企画代表
稲葉 澄子
Sumiko Inaba

知道出版

はじめに

病《やまい》になって立ち止まっている人たちに、伝えたいことがあります。

人生において病とは大きな闇かもしれませんが、大きな闇があるということは反対側には大きな光があるということです。光がなければ闇は生まれません。

じっと闇の中で立ち止まっていては、さらなる闇に支配されてしまいます。たとえ、今は辛く、苦しくても「光はある」と信じて闇から出ると決意してください。その闇に光を当てることができるのは、あなたしかいないのです。結果はどうであれ、あなたはその結果にきっと満足するでしょう。


私は末期といわれるステージ4のガン患者でした。正確にはガンは過去の病ではありません。現在も私の身体の中で眠っているのかもしれないのです。

ガンはその進行によって「ステージ（病期）」という言い方で表現されます。一般的に

「ステージ」は0〜4まであり、ステージ4はいわゆる「末期がん」です。ただ、ステージ4だからといっても余命があとどれくらいなのか、はっきりと決まるわけではありません。ステージ4の共通した特徴は、ほかの臓器への転移があることです。多くのガン患者はガン告知の衝撃や苦痛の中でガンと向き合い、「生きる理由」「自分の存在」「役割」……。いろいろなことと向き合うのではないでしょうか。

そして、ガンになって一番辛いことは、「なぜ自分がガンになってしまったんだ」という孤独感です。

振り返れば、私たちはただその日、その一日を生きるためだけに日々を送ってはこなかったはずです。それぞれの目標や希望の中で、一日一歩を進めてきたと思います。それは病に侵《おか》されたとしても残された時間や可能性を信じて、光を探す歩みを止めてはいけません。

私は美容室を経営させていただいています。私が経営する美容室に来るお客様とそのご家族、従業員とその家族がガンになることがあります。本当にガンは特別な病気ではなくなったと感じます。

そんな人たちの中には「ガンと闘う」という人がいます。でも、私は「ガンは闘ってはダメだ」と思っています。もちろん、ガンに限らず病気の捉え方や向き合い方は人それぞれです。

この本では私が体験したガンとの向き合い方、そこから浮き彫りとなった「人生観」や「経営方針」までお話ししていこうと思っています。

私が身近な人たちに「ガンは闘わなくていいんだよ、かえって闘ってはいけないんだよ」と体験談を話すことで「話を聞いて気持ちが楽になった」「ガンを前向きに捉えることができた」、または「ガンの宣告の前に稲葉さんの体験談を聞いていたから落ち込まなくてすんだわ！」と喜ばれています。きっとこれも私のお役目なのかもしれません。

そんな人たちから何度か「本を書くべきだ」と言われましたが、なにを書けばいいんだろう、と思い悩むばかりでした。

確かにガンになるということで自分の内面と向き合い、痛みを抱える自分の肉体と毎日会話をしてきました。そして、自分の中のもう一人の自分が、「あなたの経験を自分の言葉でちゃんと話せばいいんじゃない？　それで元気になる人が一人でもいるなら儲けもの」と語りかけてきたのです。

さて、こうしてガンになって本を書くことを決断したことは「意義」があると感じています。私が体験した「起こる現象はすべて良きこと」という想いをこの本で伝えていこうと思います。

美容室の従業員の息子さんで、将来の映画監督を目指して養成学校に通っている青年がいます。私は彼に「私が本を書くから、あなたはその生き様《いざま》を映像にしてね。何年先でもいいよ。そのとき、私は生きていないかもしれないけど、あなたにお願いするわ」と約束しました。実現しようがしまいが、心弾む夢だと思います。

きっと人生はマラソンのように走っている道の途中で、楽しいときもあれば、アクシデントで苦しいときもあるでしょう。

自分が思い描いた計画どおりにいくわけもなく、タイムもずいぶんと遅れるかもしれません。ただ、長い、短いはあっても完走できたときに笑って、今世というステージのゴールテープを切りたいと思います。

生きていれば辛いことがあるでしょう。でも、それと同じくらいの喜びは必ずやって来ます。乗り越えて完走していきましょう。

本書を読んだあと、「こんな生き方もあるんだな……。できることを始めてみようかな」と思ってもらえたら素敵です。

稲葉澄子

ガンにも感謝！ これが私の生きる道　目次

第 1 章
“ガン”と宣告されて

Sumi

末期ガンの宣告

あなたが「ガン」と宣告されたらどんなことが脳裏に浮かぶでしょうか。

「死」「不治」「闘病」「副作用」……。まだまだガンに対してそんなイメージを抱いている人は少なくないと思います。

みなさんもご存じのとおり、ガンは一部の人が発病する病ではなくなりました。国立がん研究センター「がん対策情報センター」の２０１３年のデータをみると、生涯でガンと診断される確率は男性で62パーセント、女性で46パーセントです。これが近い将来「日本人の２人に１人がガンになる」という根拠だと言われています。

とは言え、ガンは不治の病、完治が望めない病というイメージが強く、「ガン」と聞くと誰もが一番に「死」を意識せざるをえないことも事実でしょう。

しかし、研究が進むにつれ、ガンは多くの人がその因子を持っていて、日々生まれては消えていく、つまり私たちはガンのリスクと共に日々生きていることがわかってきました。

健康な肉体、精神であれば、誰にでも備わった免疫力が生まれたばかりのガン細胞を退治してくれますから、その結果、ガン細胞は増殖しません。

近年、ガンと診断される人が増えているのには、診断技術が広く普及してきたことや検診への意識が向上してきていることが関係していると思われます。

私の場合も発見のきっかけは検診でした。

みなさんの参考になるかもしれませんから、私のケースを発病の経過を振り返りながらお話ししていきましょう。

1、病気（変調）に気づいたきっかけ

私がガンと宣告されたのは、自分で気づいたわけでもなく、周りに異変を指摘されて気づいたのでもなく、健康診断でのちょっとしたアクシデントからでした。

平成二十年六月五日

一年に一度、市の健康診断を受診。胃の検査時のバリウムが翌日になっても下剤では排便できない。

六月十二日

翌日、左側だけ腸がゴロゴロとすごい音がする。でも排便の感覚がない。近くのかかりつけ病院に行って強い下剤をもらってくる。主治医からは「七〜八時間で便が出る」と言われたがその日も排便はなく、下腹部が痛い。下腹部がどんどん痛くなってくる。

2、発見時の状況

平成二十年六月十三日

やはり下腹部が痛くて腹痛が治まらない。それだけではなく嘔吐が始まる。腹痛に耐えられず、大きなS病院へ。そのまま入院。

腸閉塞が疑われるが嘔吐が止まらない。内視鏡で腸を洗浄。S状結腸が詰まっているために管を入れる。

「お尻から便を取りましょう」となり、排便をさせてもらっているときに「あ、ポリープができている」と言われた。どうやら腫瘍《しゅよう》(ポリープ)ができていて、その腫瘍が出口を塞いでいるらしい。腸にできた腫瘍が壁になっていて便が出なかったのだ。

「かなり大きな腫瘍（ポリープ）が確認できました」と医師から言われた。この腫瘍を手術で摘出し、病理検査をして悪性か良性かを判断するのだが、腸を塞ぐほどの大きな腫瘍は良性ではないことは、医師の表情からも察せられた。

やはり、99パーセント、ガンの疑いだと告げられた。

つまり、ガン告知は夫でも子どもたちでもなく、私が一番先に聞くこととなった。

病院からの知らせを受けて娘が来た。

「ガンができてるんだって」と私から娘に報告。やはり、S字腸に発生したものが大腸ガンだと後に判明。

３、入院時のこと

六月十三日　入院。

この日から毎日洗浄が始まる。これは、腸を広げておかないといけないので腸を広げて洗浄を続ける。

検査が始まり、医師からの説明があった。

検査の結果、ステージ4に入っている。一般的にガンの進行度は「ステージ」という表現で告げられる。進行の度合いによってステージ0から4までの5段階。つまり、私は末期ということだ。

ステージ4は、ガンの種類によっても違ってくるが、病巣から大きく広がって、ほかの部位にまで転移した状態になる。

私の場合もしっかり転移が認められた。肝臓にも影があり、これも心配だと言われる。肝臓に転移がある——このようにほかの臓器へガンが転移してしまっている状態のステージ4は、医学的に考えても見通しは良くない。ステージ4の大腸ガンの5年生存率はかなり低いのだ。

六月十七日

S病院に運ばれて五日目。そろそろ手術をしないといけないと主治医から言われた。腸を洗浄しているから食べ物を食べられないので栄養は点滴に頼らなくてはならない。

その日も検査、心臓のエコーなどをしたが、最後に手術のために首から点滴を入れる準備が始まった。

これは、手術をするのに喉から栄養剤を入れるためのもので、まずはその手術をするために首に印を付けられるのだ。

首に印を付けたときのこと、突然急患で先生が外来に呼ばれて、病室から出て行った。そのとき、たまたま娘が洗濯物を取りに病室に入ってきた。そして、私の首をみて「首の印なに？」といぶかった。私が、

「手術をする準備で、栄養剤を入れるために首を切る手術をするんだって」と言うと、

「だれがここで手術するって言ったの？」と少し言葉を強くした。

「だって、あなたたちが言ったんじゃないの。私は病人だからされるがままだよ」

「そんな話、聞いてないよ」言うなり、娘が怒って手術の中止を医師に求めた。

娘や家族の心づもりでは、沼津に新しくできたガンセンターに行くことを検討していたようだ。

しかし、ここでひと問題が発生。

家族は、ガンセンターでの執刀を希望したが、現状、私の腸には管が入れられていた。

もう治療を開始しているからこれからの転院は大変だし、装置がいつ外れるかわからないから転院は危険だ。万が一そうなったら命を落とす可能性があるから移動はできない。ここで手術をして、落ち着いてからの手当をガンセンターにするようにと説明を受けた。

しかし、娘をはじめ、家族の同意は得られない。

振り返ってみれば、いざ手術の準備というときに医師が急患でその場を離れたこと、それも私は運がよかった。

医師が「とてもは運べない状況」ということも十分納得ができる。そこで、患者である私、本人の意見として、

「私も育ての母をガンで亡くしていますが、私は私のできる最高の治療を母に受けさせることができたので母を亡くしましたが悔いはないんです。

多分、娘や家族もそういう気持ちだと思うんです。ここの病院が悪いんじゃなくて、彼女たちは自分たちが考えられる最高の治療を母親にしたいというのが願いだから『やってやりたかったのに……』という悔いを彼女たちに残させたくないんです。

家族はこの病院が悪い訳じゃないことは重々承知しています。でも、ガンセンターとい

うガンの専門病院が近くにあるんだから、そこで治療をさせてやりたいと思っているんです。家族の気持ちとはそういうものだと思うから、なんとか聞き入れてもらえないでしょうか。

万が一、私が移動したときに命がなくなってもそれはそれで構いません。私は子どもたちの願いを叶えてあげたいんです」と訴えた。

医師は大変困惑していた。

当時、静岡県では沼津市にガンセンターができたばかりで、その治療を受けるために全国から患者がやって来るほど設備を備えた病院だった。たとえば、病巣に集中的に照射できるピンポイント放射線治療なども導入されており、当時の日本では、1台か2台しかないという治療装置が導入されていたのだ。

病院自体も沼津の見晴らしのよい山の上にあり、駿河湾が一望できる、まるでホテルのような病院だ。娘はガンセンターへの転院を主張して引かなかった。

その夜には山梨で仕事をしている息子や夫をはじめ、各店の店長が病室に揃った。店長には病気のステージを伝え、各店舗の後を頼む。みんな黙っていたが、静かに言葉を飲み

込んでいるようだった

六月十八日

ガンセンターへの転院を希望した翌日。医師から「金曜日の日にガンセンターへ行くように手配します」と話しがあった。私と家族の思いに添ってくれたのだと思うと本当に感謝だ。担当医は許可だけではなく、万が一のことも考えてくれていた。

「金曜日、ガンセンターで受け入れてくれても病院は土日が休みだから治療をしてくれないかもしれません。そのときは戻って来られるように、ベッドを残しておきましょう。取りあえず、ご本人だけ移動しましょう」そう言ってくれたのだ。

夜、社員全員に向けてメッセージを書く。夫も何度も足を運んでくれるのを見て思わず感謝があふれる。

今まで「自分の夢」だけを追いかけて達成させて満足していた。でも、それは間違っていた。健康を取り戻すことができたなら、これからは夫と子どもたちのことを考えた「家族の夢」を描いて、それを実現させたい。

まずは夫と2人で旅行にでも行こう。次に息子、娘、孫たちと旅行に行こう。

「稲葉ファミリーがいつまでも仲良く、強い絆で結ばれること」を描いていくのだ。

4、手術、治療のこと

六月二十日
金曜日にガンセンターに搬送され、担当のK医師というとても良い先生と出会えた。初めK先生は「手術の日にちも決まっているし、治療もしているから……」と消極的な意見だったが、私が、

「先生、私は向こうの病院で死んだら家族の手前、死にきれないんです。こちらの病院で死んだら私も家族も納得できます。それが自分の寿命だと。家族もいろいろ調べて以前の病院よりもガンセンターで治療させたいと思っています。どうか、ぜひお願いします」

とお願いしたところ、

「では、今日と明日は検査ができないので、月曜日に入院の支度をして来なさい」と言ってくれた。

二つの病院の良い先生のおかげで、私は以前の病院に戻って治療をしてからガンセンターへ転院が叶ったのだ。

その日は、安心してもとの病院に戻った。

六月二十三日
月曜日に沼津のガンセンターへ入院。

すぐに検査が始まった。レントゲン、CTと腸の洗浄……。K先生から「手術はすぐにはできません。もしかしたらその間に様態が悪くなる可能性もあります」と言われた。ステージ4という現状を考えれば、それはそれで仕方がないと思っていた。

しばらくして「稲葉さんの場合はそんなに時間をおけないから」と、あっと言う間に手術の日が決まった。

手術を前にして、別室で説明がある。そのとき「あなたは末期のスタージ4で、ガンは肝臓にも転移しています。まず腸を切開します」と言われた。私は、「面倒くさいから一回で切ってください」と言うと、「それはできません」と言われてしまった。

ガンセンターでは大腸は大腸、肝臓は肝臓の専門の医師が執刀する。だから無理だという説明。

手術が決まったその晩、病院の窓からの夜景がきれいでしばらく眺めていた。同室の隣のベッドのご婦人は胃ガンだという。彼女は一人娘が肺ガンで死んでしまい、小学校一年生になる孫を引き取って生活していると話してくれた。心配事が多くてお気の毒だ。

六月二十五日

今日は婦人科で検査。子宮筋腫はあるが今のところガンではないと言われ、ひと安心。「腸の手術が終わって、ある程度の時期をみてから肝臓の先生に渡します」と、改めて説明を受けた。今日から手術まで個室。静かで良い。

5、回復時のリハビリ

十月十一日

手術が無事に終わり、今日は退院。昼食は外食ができそうで、少し嬉しい。

抗ガン剤治療が始まる。

切ってしまえば終わりとしたいガンだが、生存率を少しでも上げるために抗ガン剤の治療をすすめられた。副作用を覚悟で抗ガン剤治療をおこなわないといけないのだろう。

サプリメントなどの代替療法は患者の判断でおこなうことは許されているようだ。私の場合、養母のガン治療のときにサプリメントを大量摂取させて3年生存を実現した実績があるので、私も早速、サプリメントの大量摂取をおこなってみる。サプリメントは効能に個人差があるので名称は控えたい。私や母に効果があっても万人に効果があるとは言えないからだ。

十月二十二日

2本目の抗ガン剤（全部で12本投与する予定）のために病院に行った。

抗ガン剤を投与するために病院に行っても1時間か2時間は待つことが普通だ。

まず、血液を採って結果が出るまで待つ。その後、担当医と話しをして「今日は抗ガン剤ができるからやりましょう」となると、そこから調合が始まる。調合が終わって名前を呼ばれるまでが約2時間。名前を呼ばれたら、吐き気止めの点滴をしてから私のために調合された抗ガン剤を入れていく。

抗ガン剤は、瓶の中に風船が入っていて、その風船の中に抗ガン剤が入っている。この風船が縮む力で抗ガン剤がゆっくりカラダに入っていく仕組みだ。

すべての投薬が終わるまで時間にして2日かかる。そのため、抗ガン剤を家に持って帰って普通に生活ができる。

医師からは「抗ガン剤の瓶を入れる袋を作るといいですよ」と言われていたので、ペットボトル用の袋を工夫して抗ガン剤用の袋を作り、その中に入れて持ち歩くようにした。このようにすれば不自由なく動ける。動けるから仕事もできる。抗ガン剤を入れている間も少しの時間を事務所で仕事をして過ごすことはできる。

やはり、投与していると気持ちが悪くなることもある。そんなときは横になってジッとするように心がけた。

医師から「この抗ガン剤はそんなに負担がかかりません」と言われたが、確かに嘔吐はしないですんだし、髪の毛もそんなに抜けなかった。もちろん、多少髪が薄くなったので

主人と一緒に孫の成長を祈願

オシャレウイッグを着用。

十二月三日

5本目の抗ガン剤を投与する。

この頃になると手足はもちろん、身体のむくみや倦怠感、吐き気、食事がまずい、という症状に常時悩まされていた。

仕事がたまって事務所に行くものの、身体も頭も使いものにならない。抗ガン剤の副作用が大きくなってきたのだろう。もう、やめてしまいたい気分だ。家族は皆、ここまでやったのだからと言うがもうイヤだ。

平成二十一年一月

年が明けて一月になると七日に抗ガン剤投与をはじめた。

しかし、その後の2回目は白血球が少なくて投与は見送られた。抗ガン剤投与も折り返しに入ってきたのに……。

一月十八日
今回も抗ガン剤投与ができない。また1週間延びてしまった。

これでは月に1回になってしまう。その上、次回から抗ガン剤の量を20パーセント減らすという。これでは私が立てていた予定がどんどん変更になってしまう。予定が立たないなんて……辛い。

この頃になると、多くの友人や知人から「できるだけ抗ガン剤はやらないほうがいい」という本や資料を送ってくれるようになった。なるほどと納得できることもたくさんある。それを素直に「抗ガン剤をやめたい」と医師に話した。

もちろん「抗ガン剤をやめたい」と思ったのは、知人からの抗ガン剤についての情報や本の情報があったこともひとつの要因ではあるが、それよりも私自身の性格というか性分が大きかった。

私は「人生で何歳のときになにをして……とスケジュールを作って行動していく」とい

うのが性分だから、何事も計画を立ててそれに向かっていきたいのだ。

店舗を増やしていくときも綿密に計画を立てる。だから、抗ガン剤治療も始めたら回数が決まっているから、何月には終わると計画が立つ。すると、この月からまた仕事ができる、と自分の中でスケジュールが組めるのだ。

ところが、実際に抗ガン剤投与を始めてみると、血液の白血球の数とかなにやらで、できるときとできないときがあるのだ。2週間に1回、病院に行くのだが、必ずできるということではなく、できないで肩を落として帰る日もある。

検査の結果次第で治療期間が延びる、という状況が多くなってくる。抗ガン剤はだんだん終わりが近くなってくると、身体に負担がかかってくるので、できない日が多くなる。すると日程が延びる分、ストレスがすごかった。予定が延びることがイヤでイヤで、すごいストレスになって、「もう抗ガン剤治療はやりません」と医師に言ってしまったのだ。

「この状態が続くと私の計画通りに行かないから、抗ガン剤はもうやめる」と。

だから、「抗ガン剤はやめた方がいい」と言う友人や知人のアドバイスは引き金に過ぎなくて、私の性格がもうギリギリのストレスを感じていたのだ。

すると先生が「稲葉さん、抗ガン剤やめるの?」と優しく問いかけた。

「もう抗ガン剤はしない、やめた」と言うと、

「抗ガン剤はしなくてもいいよ。本人が決めることだからね。だけど、今日は来たんだから今日の分だけやっていったら? 次回はやらなくてもいいんじゃないの」

そう言ってくれた。

担当医の優しい対応に素直に「わかりました」とその日は投与をして帰ることになった。

家に抗ガン剤を持ち帰る前段階として、1時間ほど病院で点滴をする。その1時間ほどの間にカウンセリングというか、医療ケアの人が来てメンテナンスが入ることがある。

「稲葉さん、抗ガン剤もうやらないんだって? なんで?」

穏やかで押しつけのない会話が始まった。私は素直に、

「気分も悪くなるし、仕事も家庭もなにもかも予定も立たないし……。神経も使ってストレスがたまったからもうイヤなんだよね」

「でも稲葉さん、振り返ってみて。稲葉さんの人生の中でガンになるという選択はなかったでしょ」

「ないね」

「だから人生、そんなに順調に予定どおりにはいかないのよ。ここで抗ガン剤をやめてもいいんだけど、家族はどう思うかしらね」

「知らない、家族には言っていないから」

「家族には相談したほうがいいんじゃない。多分、ご家族は抗ガン剤で治るということを夢見ているから。そういうこともあると思う」と、やさしく言ってくる。すると最後に私は、「わかった。じゃ、もうちょっと続けますよ」となる。

大きな専門病院というのはいろいろな面でフォローが行き届いているのだ。この医療システムは素晴らしいと思った。このような体制が取られているのは、抗ガン剤の副作用の辛さに途中でくじける人が多いということなのだろう。

私は言いたいことを医師やカウンセラーにぶつけたことで、自分から「続けます」と決断できた。このままいけば四月には抗ガン剤の過程は終わるから、なんとか耐えられる。それ以上は耐えられない気がするが……。

計画には少し修正が必要だ。今後、私の描く予定では四月から復帰して五月は完全に仕事に戻る。これが崩れてしまったら、逆にストレスがたまって身体に良くないから今は抗ガン剤治療に集中しよう。

このような経緯を辿った末、私のガン発見から抗ガン剤治療は終えることができたのです。「末期ガン」という告知から1年足らずのことです。

多くのガン告知患者の方が同じような経緯を辿《たど》るとは思いませんが、私の経験がひとつのケースとして参考になれば幸いです。

自他共に認める楽天家の私ですが、「末期ガン」という現実を受け入れて、家族や会社のためにできること、やらなければならないことを考えて眠れない日々を過ごした病院での日々。そんな夜に病院から見た夜景は一生忘れられない光景です。

確かにカウンセラーの女性が言うように「ガンになる」ということは、私の人生設計に存在しなかった1年弱の期間だったのです。

この経験の中で私は仕事に生かせる得難い経験をさせてもらいました。

それは、医師の対応はもちろん、カウンセラーの対応です。最悪の事態と前向きに向き合おうとする意思を患者自ら選び取っていくという、それを促す心理的な対応は私たち美容業界の中でも生かしていけるノウハウなのです。

毎日接客をする美容師やネイリストなどの技術者はもちろんですが、それらの人たちを束ねる経営者としても必要な人の掌握《しょうあく》術だったのです。


あれから8年。

抗ガン剤治療をおこなっているとき「冷たいものを触らないでくださいね」と言われ、冷やさないように心がけていましたが、いまだに爪の黒ずみや、手足の指先の冷たさが残っています。それらは抗ガン剤の影響だろうと思っています。

何年経とうと薬は私の身体に蓄積され、完全に抜けきることはないのでしょう。抗ガン剤というのはそれだけ強いのだと思います。

手術から8年。初めて命の期限を告げられた5年生存率を超え、その次の10年生存率まであとひと息です。今でも病院と縁は切れませんが、取りあえずの「5年」というひと区切りからはずいぶんと過ぎました。

この5年間は頻繁に病院通い、投薬や内視鏡検査をやりました。そして、5年が過ぎたとき、担当医から「もう卒業ですよ。卒業検査をやりましょう」と言われ、全部の検査をおこないました。検査が終わったとき、私は主治医に、

「1年に1回、こうして検査に来るんですか？」と問うと、

「この卒業検査をしたら、ここは卒業です。稲葉さんのかかりつけの病院で内視鏡も含めて全部検査をしてください。ガンになったらガンセンターが診ますけど、ガンになっているかという検査はガンセンターではしません。今の稲葉さんはガン卒業ですから」と笑って答えてくれました。そして、

「それでまたガンがみつかったら僕が執刀しますから、安心してください」と心強いサポートを約束してくれることも忘れませんでした。

現在は1年に1回、かかりつけの病院で内視鏡を受けていますが、今のところガンセンターに戻ることはないようです。

ガン発症リスク99パーセント

ガンの発症率は増え続けていますが、ガン患者の5年生存率は大きく改善してきていると言われています。

これはガン検診の受診率が上がったことがその大きな要因でしょう。検診率が向上することで患者数は増えますが、早期のガンを発見できるためにガンによる死亡者は減らせるのです。ぜひ、積極的に受診してほしいと思います。

私の場合、ガンを比較的ストレスなく受け入れられたのには複線があります。夫と2人でDNA検査をやったことです。

それまでにも1年に一度の病院での検診は受けていましたが、もっと詳しく検査をするためにPET（ペット）検査を検討していました。

ご存じの方も多いと思いますが、早期発見のため、特殊な検査薬で「ガン細胞に目印をつける」というのがPET検査の特徴で、ガンを検査する方法の一つです。PET検査はレントゲンなどの検査では発見しづらかった初期のガン細胞の発見が可能だと言われています。

私が住んでいる静岡県では、浜松市にＰＥＴの設備を持っている病院があったのでパンフレットを取り寄せていました。そんなとき「ＰＥＴ検査よりも、もっといいものがあるよ。ＰＥＴでも見落とすことがあるからね」と友人に言われたのです。

それが血液検査でわかる遺伝子検査（ＤＮＡ検査）でした。友人から紹介された東京の病院は浅草だったので、夫と２人、物見遊山気分で出かけて行ったのです。

病院では血液を採取して結果が出るまでに３時間ほどかかるという説明だったので、予定どおり、その間に浅草を見物。美味しいランチをいただいてから検査結果を聞きくために病院に戻りました。

医師から検査結果を伝えられるのですが、

「検査の結果、奥さんは、生涯においてガンを発症するリスクは99パーセントあります」

との診断を受けたのです。

「ご主人はガンではなく糖尿病ですね。すでに糖尿病の治療をされているようなので、食事はキャベツなどの野菜を中心に、これ以上、糖尿病が進行しないようにしてください」

と言われました。

この時に私が一番に思ったことは「私はガンになるが、夫はガンにはならない」ということです。ガンは家系が関係あると思っていたので少し驚きました。なぜなら、父親も生みの母親もガンにはなっていないのです。親戚など血縁関係にも思い当たる人はないのです。ガンで亡くなったのは生みの母親ではなく、育ての母親ですから血の繋がりは関係ありません。自分の親がガンでなくてもガンのリスクがあるDNAを持っているかもしれないということです。それは調べてみないとわからないことです。ちなみに費用は10万円ほどでした。

血縁関係者にガン患者がいない、ガンの体質ではないと思いこんでいた私は、99パーセント、ガンを発症するリスクを持っていたのです。読者のみなさんも血族のガン患者の有無だけでなく、ご自身の持っている遺伝子を調べてみることもガンに備える手だてかもしれません。

ガンのリスクを持って生きてきた私ですが、その発症の引き金を引いたのはやはり「ストレス」だったのではないかと思っています。

考えられることは仕事をしながら養母のガンに寄り添ってきた時期が長かったことです。静岡県富士宮市から養母が住む愛知県岡崎市まで、時間を作っては通い続けたのです。私がガンになる5年ほど前に養母がガンになりました。その養母を亡くして1年後に私が末期ガンと宣告されたのです。

精神的なストレスでガンになると聞くことがありますが、私の場合も引き金となったのは仕事と看病の身体的、精神的なストレスだったのではないでしょうか。

私と養母は仲が良かったこともあり、時間を作ってはよく岡崎の実家に行っていました。

そんなある日、妹から「最近、お母さんは胃が悪いのか、体調が悪いみたいで吐いてばかりいるのよね」と聞いたのです。「この前はなんでもなかったのに……」という思いで実家に行ってみると、養母の吐き方が尋常ではなかったのです。胃が悪い人が吐くような吐き方ではなく、バケツをひっくり返したような吐き方で「バシャ、バシャ」という音がトイレから聞こえてくるので驚きました。

これは普通ではないから病院を変えようと妹たちと相談して、岡崎市と名古屋市の間にある安城市の大きな病院に連れて行き、検査を受けさせました。

検査の結果は最悪なものでした。悪い部位は胃ではなく、膵臓《すいぞう》ガンだったのです。ガンは一気に進んでいたようです。

医師からは「余命1か月です」と宣告されてしまいました。そして、もはや手術もできない状況であるとも言われてしまったのです。母はそのときはまだ70歳前でしたから、なんとか助けたいと思ったのです。

また、母の看病の時期が悪かったのです。その当時、妹たちはまだ若く、子どもが小さかったので手がかかり、思うように動くことができない状態でした。私は子どもも成人していましたから一番動きやすい環境でしたし、私の性格ですから子どもを背負ってでも養母の看病に通ったと思います。

私は土、日曜日は事務所が休みで、月曜日は店舗が休みだったこともあり、毎週土曜日に愛知県の岡崎市に行って土、日、月と養母の看病をして、火曜日から金曜日は根をつめて仕事をこなすという日々を繰り返していました。この休みのない毎日がジワジワと精神的にも肉体的にもストレスを積み重ねていたのだと思います。

養母の看病に通っていたこの時期から養母を亡くす直前まで、私は腰痛に悩まされていました。養母を看取ってから1年後、ガンを見つけてくれた先生のお話では、「これは1年2年で始まったことじゃないですよ、ステージ4ですから」と言うのです。つまり、養母の看病をしているときからジワジワとガン細胞は私の中で巣くっていたのです。

しかし、その当時はガンなどということはまったく頭をよぎりませんでした。と言うのも腰の痛みや便に血が混じることもあったので、近所のかかりつけ病院で内視鏡検査をやってもらっていたのですが、とくに異常は認められなかったからです。ガンを見つけてくれた医師からは「多分そのときに見落としていたのではないでしょうか」と言われましたが、それは明らかにはできないことです。

しかし、これは紛れもなく大腸ガンの症状だったと思います。大腸ガンが進行し、便などで腫瘍がこすれて出血すると、血便や下血が起こることがあります。とくに私が発症したS状結腸ガンは血便が特徴で、直腸ガンに多くみられる症状のひとつだったのです。

肛門に近いため、血便が出たり、血の固まりが排泄されるのですが、痔がある人は痔からの出血と思い込んで見逃してしまうことも多い症状です。便に血が付く、便の色が赤黒いことに気がついたら、迷わず病院を受診してください。

私の場合、さらにガンが進行し、大きく成長したガンが腸を塞いでしまったためバリウムが排泄できず救急車で搬送されたのです。

当時はかかりつけ病院の診断を信じていましたから、腰の痛みはヘルニアだと思いこんでいました。しかし、痛みは尋常ではありませんでした。

「すごく痛いからヘルニアの手術をしたい」と医師に話したところ、外科の医師は「ヘルニアは手術をするほどではない」と言うのです。とは言われてもでも痛くて夜も寝ていられない状態です。私は医師に「それでも手術をやります」と言ってヘルニアの手術をやっていただきました。

今考えると、そのときの激痛はヘルニアの痛みではなく、ガンの痛みだったのだと思います。

私の経験から言えることは、セカンドオピニオン――つまり、今かかっている医師（主治医）以外の医師に判断を求める、第二の診断です。

私はＤＮＡ検査で「99パーセント、ガンになりますよ」と言われたので、ガンの告知を受けても心の準備がありました。「そうか、あの痛みはガンだったのか……」と。

もしもＤＮＡ検査で自分のガンに対するリスクを自覚していなかったら、「親も親戚もガン患者はいないのになんで私が……」と悩んだと思います。

少し前まで３人に１人、今は２人に１人がガンになる時代だと言われています。もちろん、それも年齢的な統計であって鵜呑みにはできないと思っていますが、ガンはそれほどメジャーな病気になったことは確かです。

ですから、「私がガンになっても当たり前だ」と自身にも言い聞かせました。私はそういう部分では楽天的だから「ガンになったならしょうがないな」と、いう考え方をします。「イヤだ」って言ってももうなってしまったことは事実として変えられないのですから。

とは言え、私の性格は腹をくくって受け止めますが、夫や子どもたちはそうはいきません。もちろん、私の前では変わりなく接してくれていましたが、あとから聞くと夫も息子も娘もみんなすごくショックを受けて、それぞれが大きなダメージを受けたようです。どんなに変わらず接してくれても、私が見ていると夫も子どもたちもうろたえている、という感じはありました。

そこで、夫に「私はガンで良かったんだよ」と話しました。

「これが脳溢血とか心臓病だったらすぐ死んでしまうけど、ガンなら末期でも何か月、うまくいけば何年かは生きられる。その間にいろんなことができるんだから。わずかでも時間があればあなたが心配していることも解決していけるでしょ。家のこととか、どこになにがあるか教えてあげられるし。だから、私はガンでよかったと思っているんだよ」と。

ただ、娘は私の前では気丈に変わらない態度でいてくれましたが、「お母さんを失うかもしれない」という強迫観念はぬぐうことができなかったようです。娘は神にもすがる思いでいろいろなことをやったようです。我が家が懇意にしているお寺があるのですが、そのご住職を頼ってご祈祷をしてもらったりしていたようです。

私の場合「末期ガンの宣告で治るガンではない」と言われましたから、どんなに平静を装っても夫や娘、各店舗の店長の動揺は感じていました。

そこでみんなを呼んで「なってしまったものはなってしまったんだから、あなたたちがしっかりして会社を守っていかなかったらどうするの」と叱咤激励をしました。

夫にも話したように、心臓病や脳溢血で突然に死んでしまうよりはガンでよかったと思っていること、夫に伝えたことと同じことを娘にも息子にも社員の幹部にも言って「ちゃんとやっていきましょう」と話し合いました。

彼らも私のガンと向き合うことで「社長を失うかもしれない」という意識の中、「自分が頑張っていかなければ、自分たちがこの会社を続けなければ」という意識が生まれたのだと思います。

その頃には、ある程度経営を娘に引き継いでいましたから、娘も「私がしっかりまとめていかなければ」という思いが再認識できたのでしょう。

つまり、「ガンになる」という現象がもたらす側面は悪いことばかりではないということです。それぞれがこれからの自分の生き方と会社との関わり方に向かい合ったのです。会社をどう運営していくのか、組織としてどうまとまっていくのかを期せずして幹部たちが向き合った時期でもありました。

また、私のガンは患部だけではなく、従業員全体にとっても「仕事を通して自分とどう向き合うか」ということを考えるチャンスとなりました。

後の章で詳しくお話ししますが、私はＳＰＣという美容業会の経営者集団に参加していますｰ。このＳＰＣでは、毎年「ＳＰＣ競技大会」が行われます。私たちが参加するのは、

2008年の「SPC東海大会」では多くのスタッフが入賞した！

愛知、三重、静岡の東海三県で行われる美容技術の競技大会です。

２００８年の「SPC東海大会」は、私がガンで入院、治療という時期と重なりました。私の病状を知っている社員たちは「自分たちに何ができるか」を考え、「自分たちにできることは、技術で結果を出して社長を喜ばせることだ！」と、一丸になってこの大会に臨み、頑張ってくれたのです。

人を想う気持ちとはいかに強いものか、その結果が示してくれたものとは――当社はじまって以来の大会入賞者数を記録し、凱旋《がいせん》してくれたのです。

そんな経緯はあったものの、ガン宣告は私自身「運命」について考える時間にもなりました。

走り続けてきた人生において「死」を身近に感じた私は、そこで立ち止ったのです。仕事から離れ、病院のベッドで私は自分の運命について考えることが多くなりました。

自分に起きてくること、降りかかる事件はそんなに深くは考えないのが私の性格です。多分、子どもの頃の考え方や環境が性格を作っていると感じています。

ひとつは、母親が違うことです。

５歳の時に生みの母が出て行って、育ての母となる女性がやって来きました。そのあとすぐに妹や弟が３人産まれましたから、５歳から自立しなくてはならなかったのです。

そのような環境の中で、幼いながら「何事も自分で決めなければ」「早く自立したい」という自立心が育っていったのです。

「三つ子の魂」とはよく言ったもので、ガンになっても弱いところは見せられない、誰にも相談もしない。

弱音を吐いても、相談をしても、どうしようもないことは明らかなのです。それなら自己解決をする。そして、すべてを決めてから夫や子どもたち、会社の幹部に報告するというのが私のやり方としてできあがっているのです。

ガンと闘わない決意

ここでは、毎日なにげなく過ごしていた日常で、突然にガンを宣告されたときにどうそれを受け止めてきたかをお話しさせていただきたいと思います。

私はガンと告知されたとき、とても冷静でした。

「そうか……なってしまったなら仕方がない、運命だ」と。

ガンだけではなく、病というものは発病してしまった以上はガタガタしても仕方がないのです。ガンになったことは事実なのですから、これから先は世の中が私を求めていたら生きるでしょうし、求められなかったら死ぬのだろうという感覚でした。

ですから、もし私がガンで死んだら「あなたはもうやることがないし、求められているお役目もないんです」ということで、そこまでの寿命なのだと。しかし、「あなたにまだやることがある」というときは、きっと生かされていくだろうと信じていました。

病気はとても個人的な問題で、その受け止め方はその人にしかわかりません。ある人は「病気と闘う」と言います。ある人はその反対に「闘わないで受け入れ、身体を温存して共生していく」と言います。私は闘わないということを選んだのです。

私の場合、末期ではありましたが大腸ガンも転移した肝臓ガンも手術をすることができました。術後は「ここからはガンとうまく付き合っていく」と決めたことでストレスは少なくなりました。

ガンとはいえ入院日数は以前と比べても減少していますし、術後は通院で抗ガン剤治療が可能になってきています。日常の生活にある程度の制限はありますが、ストレスはずいぶんと少なくなったように思います。

くり返しになりますが、私は寿命というのは生まれたときから決まっていると思っているのです。ですから「あなたは必要がない」と言われれば死んでいくでしょうし、必要であれば生き残っていくと思っています。

80歳でも100歳でも生かされているということは、世の中はその人がいることでサイクルが回っているのでしょう。その人は世の中の大事な歯車のひとつとして生かされているのでしょうし、早く亡くなる人は、その人の死を通して周りの人たちに気づきを与えるお役目があり、早く亡くなる天命だと思のです。そして、きっとまた次の天命を持ってこの世に生まれ変わるのでしょう。

「病気と闘う」という考えの人は、私の周りの経営者仲間にもいらっしゃいます。それはそのような人が向かい合った結果であって、さまざまな向き合いかたがあると思います。私の場合は、経営者として成長していく中で、どんな状況で問題が起こっても勝ち負けで判断したり、天秤にかけないということを学ばせてもらってきました。

この「店舗営業とは勝ち負けではない」という経験は、経営だけではなく、生き方、病気との向き合い方、そのすべてに置き換えられることです。

敵を作らない。仕事にしても、身体の中にも身体の外にも。ですから、ガンでさえも敵だと思ってはいけないと思っています。

病気や問題を抱えていても、それは運命です。私は私の運命があるし、あなたはあなたの運命があるのです。病気も授かり物だと思えば、私たちの運命にとって大きな意味があるのかもしれません。

病気や問題は大きな意味をもっているはずです。ひとつの方向から見れば悲劇ばかりですが、違う側面からみれば病気によって浮き彫りになってくることもあるはずです。

私はガンになったおかげで家族と絆《きずな》が深まりましたし、社員も仕事への責任感を一層感じてくれるようになりました。私は、私のガンを良い意味で捉えるように考えて、家族や社員、お客様にアプローチしていくことを心がけています。

病気になっても決して不幸だけではない、というところを私の経験をお話しすることで理解していただきたいのです。

ガンだけではなく、病気はそんなに悪いことじゃないと思っています。病気になったら立ち止まるでしょう。家族のこと、親しい人たちのこと、仕事の進め方を考えるでしょう。すると、私自身と周りの人が成長していきます。こんなに素敵な側面もあるのです。

私たちの死ぬ時期は、もう決まっていると思っています。病気で死ぬかもしれないし、交通事故で死ぬかもしれない。どっちにしても病気をいただいたということは、自分の内面との対話の時間を持ちなさいと、病気という形で知らせているのです。

宗教を持っている方は神様に、持っていない方はご自分が信じるご先祖様や、大いなる存在がやってくれていると思えばいいでしょうか。

アクシデントというのは、誰の人生にも起こりうることです。それはきっと、その人に、

「ちょっと立ち止まって考えなさい」というサインなのではないでしょうか。

それがわかっていないと、「私はなんて不運なんだ」「運が悪い」「なんで私が」となってしまいます。でも、それは違います。あなたは悪くないのですから、闘わないで受け入れてみてください。きっと思わぬ気づきを得られるはずです。

生かされている意味

ガンになって「生かされている意味」や「生と死と向き合うこと」を考えるようになったとお話ししてきました。

私は熱心な宗教の信者ではありませんが、ガンになってより精神的なものを信じるようになりました。抗ガン剤治療が続いているとき、私がよく娘に言ったのは、

「世の中で、あなたが必要じゃないと言われたら私は死ぬと思う。でも、あなたはまだやらないといけない仕事が残っているからまだ死ねないよ、と言われれば生かされているかもしれない。だから、今、生かされているということは、まだやらなければならない仕事があるから生かされているんだと思うんだよね」

それは娘を力づける言葉と同時に、自分自身に向けたエールでもあったと思うのです。

「生かされている……」

では、今の自分の次の仕事はなんだろう。私が生かされている、ガンになってもまだ生きているというのは、誰かのためにやらなければならないことがあるはずです。

その意味を考えたとき、はじめに頭に浮かんだのは夫のことです。夫は具合が悪く、検査の結果、パーキンソン病だとわかったのです。パーキンソン病というのは筋肉の病気ですから、だんだんと身体の自由が奪われていき、最後は動けなくなってしまいます。ですから「あなたの夫がパーキンソン病だから、しっかり面倒をみなさい」と、当初は夫の病を看病することが使命かと思っていました。

次に感じてきたのが「〝ガン患者のための個室美容室〟をつくる」ということでした。私はガン患者の気持ちや必要とするものを理解するためにガンになったのかもしれない。ガンで沈みがちな気持ちを「美容」という側面からサポートしていくことが、「今、生かされている」意味なのかもしれないと考えたのです。

ガンになった人たちの副作用で薄くなった髪の毛をケアして、医療用のウイッグで華やかになっていただき、気持ちを明るく生きられるように、私は使命として生かされているのかもしれない、と思いだしたのです。

多分、正解はないのだと思うのです。私が生きる意味、使命、それは私の魂だけが持っているガイドブックなのでしょう。ただ、これからいろいろな形で私の使命は浮き彫りに

なってくるのだと思っています

もちろん、動けなくなっていく夫をそのまま置いて私が先に逝ってしまって、夫に悲しい思いをさせることは忍びないことです。夫のためにも最期まで面倒をみさせていただきたいと願っています。

私の元気の源は「仕事」です。夫の看病と同時に、今、動き始めているのが「〝ガン患者のための個室美容室〟をつくる」という想いです。

「ガンになっている人たちがいっぱいいるから、そのガン患者に元気を与えろ」とか、「自分の経験を伝えろ」、そのために生かされているのかもしれないと思っています。

私の経験を見てきた娘や会社の幹部たちには、私のその想いも「種」として伝えていく、継ぐ人を今、育てていると思います。

これでまた、ある時期が来たら「このために生かされているのかな」という事象が出てくるかもしれないし、今のところはその２つの原因で生かされているのかなというのは感じています。これが、第３、第４の使命となって１００までも生かしてくれるのかもしれないし、それは自分ではなくて天の決める部分だと思うのです。

ですから、人知でわからないことは、丸ごと天にお任せしてしまうことにしています。そして、そのうちにいらなくなったら死ぬでしょう。私はそういう考えです。

また、「お前の仕事は終わったからもうのんびりしろ」と言われたらベッドに寝かされることもあるでしょう。

先にもお話ししたように、ガンは普通のことになってきました。だから、ガンでショックを受けて必要以上に悩んだり、ましてや自殺したりする必要はないと思うのです。メンタルの弱い人がガンの告知を受けたなら、〝ガン患者のための美容室〟に相談に来てくれればいいと思います。そのために、相談に来られない人がいたならば、こちらから手を差しのべられる場を作るべきだと考えたのです。

そういう活動の中で社員も育っていくでしょうし、意志を継ぐ人が出てきて私のバトンがつながっていくのだと思っています。私の使命は、次に伝えるまでは続くのです。

私は根が気ままですから、娘に言わせると、「あなたは本当に自由よね、あなたほど幸せな人はいないわ」と言いますが、おかげさまで私は本当に幸せだと思います。

私がやろうとしている事業はある意味ボランティアとして考えなければ成り立ちませ

ん。ボランティア、ボランティアってよく言いますが、ボランティアはある程度お金があって生活が成り立てばボランティアはできるのです。でも、お金も時間もなにもなくて、生活がいっぱい、いっぱいの状態で「ボランティアをやれ」と言ってもムリなのです。自分の生活が成り立たないのに、時間とお金をかけた奉仕はできないのは当たり前です。

娘が「お母さんは次から次にやりたいことをやる」と言うのですが、会社で運営している障がい者をお店へ搬送するための送迎車導入も経営的には成り立たないことです。ガン患者の個室美容室もそれ自体で経営が成り立つかといえば、成り立ちません。

私の場合、社員みんなが頑張ってくれたおかげで今の経営の土台ができて、心の余裕とお金の余裕があるから「ボランティアでもこの事業をやりたい」という発想が出てくると思うのです。

障がい者のお店への送迎車の導入や、〝ガン患者のための個室美容室〟を採算ベースで考えたらまったく成り立たない話しなのです。

今の私は、会社の社員に恵まれ、娘も息子も自分なりの生活が成り立つように頑張っているからできることです。本当に感謝です。

子どもたちは「お母さんのお金はあてにしてないから好きなことやって死ねばいいんだよ」と言ってくれます。ですから私も「死ぬときはみんなに感謝して死ぬね」って笑うのです。

〝幸せ〟なんて人と比べることではありませんが、私ほど好き勝手やっている人もいないと思います。孫たちにも「あんたのお婆ちゃんは好き勝手やって死んだんだよ」ということが伝説になって、何代にも伝わっていけばいいかなと思うと楽しいですね。本当に幸せです。

形になって残っていく事業もきっとあるでしょう。美容の世界も進化し続けていますから、美容室もこれからどんな形で残っていくのかわかりません。それでも美容の世界でそのとき、そのときにやりたいことをやっていけばいいのではないかと思います。もちろん、できる限り、みんなに迷惑がかからないようにやっていくつもりです。

第 2 章

運命の扉を開き
社長業へ

両親の離婚と多感な少女時代

ここでは、私自身のお話をさせていただきます。

私という人間の基礎をつくった環境をお話しすることで、これから先のみなさんに伝えたいこと、伝えておきたいことの根幹となるからです。

私は昭和二十四年四月四日に静岡県浜松市で生まれました。私が4歳のときに父が単身赴任で静岡県富士宮に転勤しました。父は大手新聞社の地方記者。その単身赴任先で父は養母となる育ての母と知り合ったのです。

単身赴任から1年後、家族で富士宮へ行くと若い女性がいて、父と母は離婚になったのです。そのとき私は5歳、兄は小学校1年でした。これが育ての母となる養母との出会いでした。

幼いながらに両親の協議離婚の話し合いをしている記憶はハッキリ覚えています。大きな声を出すでもなく、親戚が集まって話し合いは淡々とされていました。

離婚が成立すると、父は30歳で再婚。そのとき養母はまだ21歳でした。きっとこのときのことは私が意識していなくても、潜在意識の中にしっかりと刻まれていることでしょう。幼い頃に聞いたり、見たり、体験したことが私の性格の基盤となってその後の人生に大きく影響を与えているのです。

離婚の話し合いでは、兄は父が引き取り、私は実母が養育のできる環境を整えて迎えに来ることになりました。昔のことですから女手ひとつで育てることはなかなか難しいことだったでしょう。実母は生活のめどがつくまで私を父の元に置いていくことしかできなかったのだと思います。女性が働くことは困難だった時代ですから仕方ありません。

離婚が成立すると、父から「この人が母親だよ」と紹介されたのですが、さすがになかなか新しい母親に慣れなかった記憶があります。ですからしばらくは「お母さん」とも呼ぶことはありませんでした。

養母は「お母さん」と認めて欲しくて、私が朝起きると枕元にお菓子が置いてあるのです。なんとか子どもの気を引こうと努力をしているのはわかったのですが、子ども心にどう反応したらいいのか悩みました。

それから1年後、本当に実母は迎えに来てくれたのですが、養母が兄妹を引き裂くのは忍びないと懇願してくれて父の元で暮らすことが決まりました。

養母は21歳で嫁に来ましたから若かったのです。21歳くらいの娘が小学生と幼稚園の子どもたちを「自分が育てる」と覚悟を決めたのですからすごいことです。そのときは私も察することはできませんでしたが、お互いに乗り越えなければならないハードルがあったのです。養母は若かったですが、とても良い人でした。

やがて父と養母の間には3人の子どもができ、私には妹と弟ができました。私が小学校1年のときにすぐ下の妹が生まれました。妹は、年中私の後を追いかけていましたから、私は幼いながらに子守という感覚ではなく一緒に遊んでいた記憶があります。

そんなある日、私は妹に怪我をさせてしまったことがあります。妹を三輪車に乗せて坂道を降りているときに転んでしまい、倒れた勢いで妹が石に頭をぶつけて怪我をしてしまったのです。妹は何針か縫うという大怪我でした。養母はそんなときも私を叱ることはありませんでした。「遊んでいてのことだから」、養母はそう言って私を気遣ってくれたのです。実の子と私を分け隔てなく育ててくれたことは本当にありがたいことです。

次に生まれたのが男の子。その子はぜん息があってとても弱い子どもでしたから、養母は年中病院に連れて行ったことを覚えています。

父は「日本の女は結婚したら家庭に入って家を守る」という古風な考えの人でしたから料理、洗濯、子育てをするのが当たり前で、外に出て働くという選択肢はありませんでした。

私が小学校3年のとき、父の転勤で富士宮市から沼津市に引っ越しました。転勤族ですから沼津には2年ほど住みました。そこでの思い出といえば、昭和三十三年九月の狩野川台風です。

この台風は関東地方に上陸するのですが、伊豆半島を中心として甚大な被害を出しました。この台風による被害は、狩野川流域が最も大きくて死者や行方不明者が１０００人を越える自然災害でした。

我が家は沼津でも狩野川の近くだったので、私たち家族も2階に大事な物を運んで、その晩は狩野川から離れた沼津の親戚のところに泊まりました。被害の大きかった狩野川流域でしたが、未明には雨もやみ、夜空に大きな月が輝いてとてもきれいでした。

朝、家に戻ってみると、川はその姿を変えて氾濫していてまるで海のようでした。そんな中で消防の人たちが船で物資を運んでくれました。今でもテレビで水害の場面を観るとそのことが思い出されます。

台風が去って徐々に水が引いてくると町はとても汚い町に変貌していました。もちろんトイレは水洗ではありませんから町中に汚物がまき散らかって、マスクをした人たちが消毒剤をシュッシュシュッシュッシュとまいていました。しばらくは町中が消毒臭かったことを覚えています。

そんな甚大な災害の日も父は不在でした。父の職業は新聞記者ですから台風のときも家にはいられません。その夜も、父は警察の記者クラブに入り込んで台風の被害状況を取材していたのです。

こんなとき、男親のいない女、子どもだけの家族は心細いものです。ですからよけいに家族で団結したのだと思っています。兄は男だから父親代わりの自覚を持ったかもしれません。この台風に限らず、父は事件が起きると「戸締まりをしっかりしろよ。だれがトントンしても絶対に開けてはいけないよ」と言って出て行ってしまう。新聞は毎日のことですから大変なときに父親がいないことが当たり前の家庭でした。

私たち家族は、父から毎日のように、「お父さんは人様のことを新聞に書く仕事だから、生活態度はちゃんと、しっかりしておきなさい」と言われて育ちました。父の立場から考えれば、人様の記事を書くのに自分の子どもたちが世間から後ろ指をさされることは許されないのです。父は私たち子どもに対して、勉強というよりも、道徳、家庭教育にうるさい人でした。

そして家族に対しては、優しいというよりも、むしろ恐い存在でした。頑固で家ではあまり口をきかない。そんな父を養母はいつも立てていました。子どもには恐い存在の父でしたから、学校のことなど相談事はみんな養母に話していました。多分、このような環境も血のつながりのない母子にはよかったのだと思います。

さらに、小学校５年のときに愛知県岡崎市に引っ越しました。とにかく引越しが多い家族ですから、私には幼児期から一緒に遊んで、同じ小学校へ行って、中学へ行ってという幼なじみがいません。ですから、なおさら兄弟姉妹はお互いを必要としたのだと思います。

美容師への「運命の扉」を開く

さて、いよいよ私の巣立ちの時が来ます。

16歳の時、愛知県岡崎市から養母の実家がある静岡県富士宮市にある叔父の美容室に単身、住み込みで勤務したのです。

すでにお話ししたように父は厳格な人で女性が社会に出て働くことを「良し」と考えていなかった人です。そんな父に幼い頃から表立っての反抗はしなかったものの、父に対しての反抗心はありました。そこで、父の方針の真逆なことをしたくて自立する女、職業婦人という道をわざと選んだのです、それが美容師だったのです。

とても厳格な父親でしたから、兄弟姉妹5人とも表立って反抗することはありませんでした。そもそも父親に反抗したり、養母に反抗するものならすごく叱られました。叱るときに父は決まって、「仕事をして給料をもらってから反抗しろ」と言うのです。

そういう昔ながらの家庭での教育ですから、心の中では「母親も違うし、私はかわいそうな子だ」と一時期は反抗心が起こったこともありますが、行動で反抗することはありませんでした。

今考えると養母は偉かったと思います。私が自分を可哀想だと思う以上に世間は厳しかったのです。私が幼い頃、近所のおばさんや親戚から「母親が違うから可哀想だね」と言葉をかけられましたが、幼い私にはその意味がよくわかりませんでした。きっと世間は養母に対して冷たかったのかもしれません。そんな環境の中でも養母は実子と分け隔てなく育ててくれたのですから感謝ですし、大好きな「お母さん」でした。

私が成長するにつれて、養母の思い出は母親から姉妹のような感覚に変わっていきました。なにせ、母と言っても13か14くらいしか歳が離れていないのですから、姉妹でもあり得る年の差です。

そんな養母の力を借りて養母の兄が経営する富士宮の美容室へ就職するために家を出ました。父親は「男は外で家族のために働き、女は家を守る」という古風な考え方の人でしたから私が美容師になることはもちろん大反対です。

私としても美容師になることが夢だったわけでもなく、家を出て自立することが目的だったのです。ですから、美容師に夢を描いたのでもなく、好きでなったわけでもなかったのです。父親への反発からなった職業婦人への道を切り開きたかったのです。

たまたま養母の兄が家に遊びに来たときに「おまえ、うちの美容室を継がないか。中学を出たら富士宮に来いよ」と声をかけてくれたのがきっかけでした。

昔は、男の美容師さんはいなくて、美容師は女性の職業だったのです。また、叔父さんの子どもは男ばかり3人だったので私に白羽の矢が立ったわけです。そんな会話を聞いていた父親が、そばから「ダメだ」と言ったので、がぜん私の反骨精神に火が付いてしまったのです。

「父親がダメだというのなら、絶対にやってみせる」と決めたらまっしぐらです。中学を卒業すると、家を出てしまいました。

私が美容師になったのは運命です。たまたま叔父さんが頑固な父親の前で「美容師にならないか」と渡りの船を出して、私はまんまとその船に乗ってしまったという流れでした。あの時に叔父さんが遊びに来なかったら、父親がその場にいなかったら、私の運命の道は違っていたかもしれません。それが運命というものですね。

当時の美容室は住み込みが当たり前の世界です。叔父の美容室といっても、実際に美容室を切り盛りしているのは美容師の奥さん、つまり、私の叔母さんでした。

叔父はほかにも会社を経営していたので、美容室は叔母に任せている状況でした。私が就職をして上京したとき、住み込みの美容師さんが６人くらいいました。

昔の美容師は給料がとても安いのです。最低賃金がないし、残業は遅くまであるし、先輩から技術を学ぶ、仕込まれるということはそれが当たり前の世界です。

住み込みですから家中の掃除、洗濯はもちろん、子どもの世話までやります。まるで厳しい落語家に弟子入りしたみたいですが、昔の美容師とはそういうものだったのです。

岡崎の実家を出て行くとき、父から「家の敷居はまたぐな。免許を取るまでは帰ってくるな」と言われました。私も勝ち気ですから「帰らないよ」と啖呵《たんか》を切って家を出て電車に乗ったのです。

富士宮に住むようになって、生きる大変さがよくわかりました。お給料が少ないので住み込みの子たちは実家から食料が入った荷物を送ってもらうのですが、その中にお金が入っていたりしました。でも、私は父に大見得《おおみえ》を切って出てきたのでなにも送って来ない。

みごとに一切、荷物が届きませんでした。

ただ、養母の実家が富士宮ですから、お葬式だ、結婚式だと養母が実家に来る機会のときには、父に内緒でお金を置いていってくれたことは本当に感謝です。

また、叔父さんがパチンコ屋さんを経営していたので、夜、閉店したお店をお掃除するバイトをさせてもらいました。それで生活ができていたし、生き延びることができました。同じ住み込みの子たちは仕事が終わると夜、遊びに行っていました。私だって一番遊びたい時期でしたがお金もなかったし、叔父の家だし、手伝わないといけないという使命感もありました。

昔は美容学校に1年通って、現場で1年インターンをやって、そして免許が取れました。私も順調に美容師の免許を18歳で取得できました。もちろん、美容師免許の試験は絶対に落ちることはできないので猛勉強しました。

父との約束どおり、美容師免許証をもってはじめて実家に帰りました。富士宮に出て行ってからの2年間は兄弟姉妹にも会えなかったし、中学の友だちにも会わず、同窓会の案内が届いても行けませんでした。

私は勝ち気だったから障害物があると「よし、やってやれ」と向かって行ってしまう性格なのです。

めでたく一人前の美容師になりましたが、もちろんすべてが順風満帆なわけではありません。修業中には美容師を辞めたい時期もありました。下積みが辛くて、辛くて……。

ある日、美容師を辞めようと決意し、夜逃げを考えたのです。というのは、親戚だから普通には辞められない、夜逃げするしかないと考えたのです。「よし、出て行くぞ」と荷物をまとめたのですが、その日に限って同じ住み込みの先輩が遅くまで起きていて、出られなくなってしまったのです。おかげで夜逃げは未遂に終わりました。そのときに思ったのは「私が辞めたら一番悲しむのは父親だ」ということです。

父から見れば自分の身内といっても女房の兄弟のところに娘が修業に行っているわけです。もしも私が夜逃げをして行方不明になったら、養母と叔父さんは兄弟姉妹ですからなんとか関係は修復するでしょう。でも、父親の性分では連れ子の私が泥を塗ったことは許されない、一番辛い思いをするだろうと考えたら、「しょうがないな……」と思って乗り越えたのです。

父親を憎んでいたのにやっぱり、父の顔を潰すことは自分にとっても屈辱だったのです。結局、私が美容師になれたのは周りの人への気遣いが大きかったように思います。私は、小さいときからいろいろと周りの人の感情を考えて行動する子でした。その周りを見るというのも母親が違うという環境があったから備わったのかもしれないと思っています。

お見合い結婚

私はお見合い結婚です。このお見合いでの出会いが今の私の道を開いてくれたのです。お見合いの話を持ってきてくれたのは養母の姉である叔母でした。私が24歳のときでしたが、その頃の私はやっと一人前のスタイリストになったところですから、結婚なんて考えていなかったのです。

それまでは遊びにも行かないで美容のこと一筋で技術や接客を学んできて、やっと美容師としての自分にも自信がついてきて、「さあ、これから遊びましょう」と思っていた矢先に見合いの話です。

私は結婚をする気もなかったので、ハードルの高い条件をいろいろ出して、言いたい放題です。その条件とは、まず家があること。お姑《しゅうとめ》さんがいても家があればＯＫ。美容師の仕事を認めてくれること。もちろん優しい人。大きな会社の勤め人で、お給料が良いこと……等々。

これらの条件は、決して低いハードルではないと思うのです。そのような条件が自分の頭の中にあって、それをクリアしていればいいかな、というくらいの気持ちでお見合いに望んだのです。

お見合いの当日、私はまだ結婚する気がなかったので派手な洋服を着て、真っ赤なマニキュアを付けて出かけようとすると、それを見た叔母が「着替えてきなさい！」とすごい剣幕《けんまく》で引き留めるので渋々《しぶしぶ》着替えて出かけました。

お見合いの場所は喫茶店でした。ウエイトレスが注文を取りに来ると、彼が「ミルク」と言ったのです。普通、喫茶店ならコーヒーでしょう。それを「ミルク」を注文するなんて。「この人、ミルク？」って笑っちゃいました。

初対面のお見合いの席にもかかわらず、その気がないから私は自分が言いたいことを言って、緊張もしないでよくしゃべりました。

それから何度かお会いしましたが、お見合いは早く答えを出すのが常で、叔母から答えを迫られました。そこで養母に「どうしたらいいかな」と相談すると、「あなたが出した条件を全部満たしているし、何度か会っていて先方から望まれるならいいじゃないの」と言ってくれました。

背中を押されて、それで結婚。後でわかったことですが、主人は両手でも足りないほど何度もお見合いしていたそうです。私は初めてのお見合いでした。これも私の運命、流れに乗ったのです。

ただ、養母が少し懸念していたのは、舅《しゅうと》、姑《しゅうとめ》と同居ということです。私がわがままな性格ですから相手の両親とうまくやっていけないのではないかと心配していました。それを聞いた夫は「両親と住むことが気になるなら2人で家を出る」とまで言ってくれました。しかし、考えれば彼は長男です。長男の嫁はどこまで行っても長男の嫁なのですから、いずれは家に入らないといけない。それなら早いほうがいいと私は考えたのです。

美容師という職業はお客様商売ですから、いろいろな年齢の人と接します。ですから仕事柄、処世術や判断力は磨かれていたと思うので「同居は早いほうがいい」と

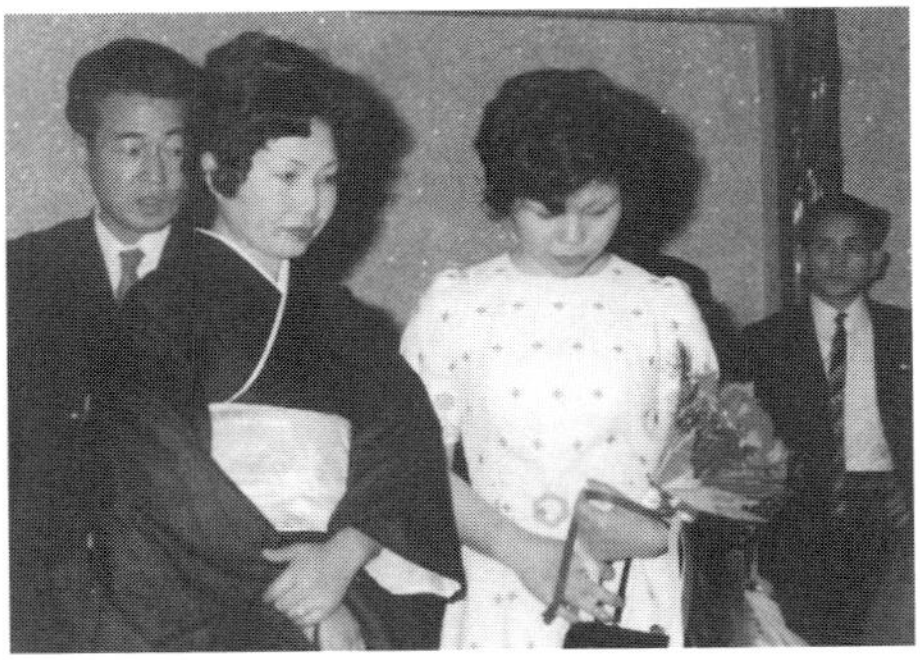

24歳で初めてのお見合い、そして結婚へ
和装姿の義母とともに

なかなか二人っきりになれなかった新婚当時の貴重なワンショット

判断したのです。いずれ舅、姑と一緒に住むのであれば、子どもが小さいうちから一緒に暮らした方が、大きくなってから一緒に暮らすよりは摩擦は少ないだろうと考えました。そこで、舅、姑がいる家に飛び込んだのです。

養母は料理がうまい人でしたからお嫁に行く前にしっかり仕込まれました。2人で台所に立って、「旦那さんを浮気させないのは料理だよ」など、女同士の話ができたのも思い出です。

結婚して家に入ると、やはり大変でした。お姑さんとは女同士ですから当然です。その中でも救われたのは、夫の兄弟が男の子2人だったことです。女の子がいなかったために「娘ができた」とかわいがってくれたことです。

ただ、お姑さんは身体が弱くて寝込むことが多い人でした。それをかばうようにお舅さんはよくお姑さんの面倒をみる人で、お舅さんが当たり前のようにご飯の支度をしたりしていました。私の亭主関白な父親とはまったく違って、台所にも入って美味しい料理をつくってくれるのです。

私がお嫁に来ても舅はいつもどおり、朝は洗濯をして仕事に出かけるという家事ができる人でした。私はすぐに子どもができたのですが切迫流産になってしまい、仕事を辞めて家でおとなしくしている状態が続きました。

待望の長男が生まれて半年が過ぎた頃、勤めていた美容室から「ちょっとでもいいから働きに来ない」と誘いの言葉をかけてくれました。

「行きたいなぁ……行こうかな」と思って夫に相談すると夫が思いがけない提案をしてくれたのです。

「デラモード・イン・スミ美容室」六坪からのスタート

夫は、幼い頃から家を建てることに必死で働く両親に育てられたので、「鍵っ子」として育った思い出があり、自分の子は鍵っ子にしたくないという思いを私に話しました。そして、「母親が家にいない生活は子どもにとって良くない。それはダメだから自分の店を出しなさい」と提案してくれたのです。

そのお店とは、我が家の小さな駐車場です。駐車場を改造して家から直結した6坪、鏡2面の自社美容室「デラモード・イン・スミ美容室」がスタートしたのです。

お店がオープンすると、家族にも変化が出ました。病弱だったお姑さんも「自分も頑張らないと」と前向きに意識を持ってくれたことでどんどん健康になっていきました。時々はオーバーヒートで寝込むこともありましたが、できる範囲で家事をしてくれたのです。

息子の子育てにはお舅さんがハッスルしてくれました。この頃には、お舅さんは仕事が定年を迎えて家にいたので孫の面倒を見てくれたのです。お舅さんが孫を、お姑さんが家事をやって、私をバックアップしてくれました。お姑さんが体調不良で具合の悪いときはお舅さんが家事一切をやってくれたので、私は隣の美容室で仕事をやりながら家族全体を見ることができました。

自慢ですが、私のお舅さんはすごいのです。まず、ご飯が美味しい。そして、お掃除、洗濯も進んでやってくれました。私が仕事をしても文句は一切言いません。お舅さんが掃除や洗濯、お料理を進んでするものですから、私の夫も家事をいとわないでやってくれる人です。

もともとお姑さんが弱い人だったから、父親と男兄弟で家事を分担してやってきた家族の歴史があったのです。そんな環境の中に嫁に行ったのですから、案ずるよりも現実は、私にとって大正解だったのです。

私はお姑さんが元気で家にいるときは、わざとご飯の支度もしないようにしました。それは役割を暗黙の了解にすることでお姑さんの「やる気」を刺激したかったたの

親子４人、大切な家族とともに経営者としてスタートしていく……

です。

もちろん私は、料理がうまかった養母から料理を仕込まれていましたし、美容師として働いているときは住み込みだったので、毎日料理を作っていました。だから料理には自信があります。

お姑さんがガンで亡くなったとき、私がご飯の支度をすると、テーブルに並んだ料理を見た夫が、「お前、料理ができるんだな」っと言って、ビックリしていました。

おかげさまでお舅さんは長生きしてくれましたので、子どもが小さいときは何でも「おじいちゃん、おじいちゃん」となついて頼りにしていました。

年寄りがいる家っていいですよ。うちの子どもたちは素直だと思っていますが、おじいちゃん、おばあちゃんが育てたから基本的にはやさしいのです。

「有限会社すみ企画」の成長とともに

私が手がけている美容室の新しい事業モデルとして「障がい者のためのリフト車導入」があります。これは家から出られない人たちを店に連れてきて、美容室の空気を吸わせて、社員とも係わって、楽しい時間を過ごしてまた家に送るという新しいシステムです。

そして、次に目指しているビジネスモデルが「ガン患者のための個室美容室」です。これらの新しい事業への思い入れについては、第４章で詳しくお話ししていきたいと思いますので、ここでは６坪からスタートしたスミ美容室の軌跡、経緯をカンタンにお話しさせていただきます。

小さなスタートでも「事業家として、経営者としてステップアップするのだ」と目標を立てたこと、そしてそれを諦めないで続けたことで、私はたくさんの協力者を得て夢を実現できて、今現在に至ります。これからこのバトンは引き継がれて形を変え、多くのお客様に支持され満足をお届けできる形に進化していくのだと思っています。

おかげさまで、美容室を母体とする「すみ企画」は、地元のみなさまに愛されて40年以上を迎えることができました。「すみ企画」は現在、個性豊かな5つの美容サロンを展開しています。

それぞれの店舗では、明確なコンセプトを打ち出すことで、顧客のニーズに対応しています。ある店舗では20～30代のトレンドに敏感な学生さんやOLに向けた店づくり。また、ある店舗ではいつもの安定感、安心感がある店づくりで主婦やシニアまで幅広いお客さまを獲得しています。個性を明確にすることで、固定のお客様はもちろん、新規のお客さまが多いことが特徴です。

このようにそれぞれの店舗のコンセプトや内装、客層は違いますが、「お客様に喜んでもらうことが喜び」という気持ちは一緒です。

ここで「すみ企画」の成長をご紹介しておきましょう。

○平成元年　デラモード・イン・スミ 貴船本店リニューアル。

静岡県富士宮市貴船町に家の駐車場を改造した6坪、鏡2面の6角形の白い建物の「デラモード・イン・スミ美容室」がスタートしてから、平成元年にリニューアルをし、本店を28坪に立て直しました。

記念すべき「すみ企画」の1号店は、当時の面影はそのまま、樹齢30年のヒメシャラと6角出窓がお客様とスタッフをいつも温かく見守っています。5店舗の中でも特に客層の幅が広いことが本店の強みです。

「デラモード・イン・スミ」貴船本店

○平成六年　全国組織の美容経営者団体ＳＰＣに出会い翌年に入会。

○平成八年　八月に富士市松岡に16坪の「富士店」をオープン。

九月には有限会社すみ企画を設立。平成十八年六月に富士店を娘に売却し、現在「ＦｕＦｕ」として営業中。

○平成九年　八月に富士宮市小泉に14坪の「小泉店」をオープン。

平成十三年十二月には小泉店を店長をオーナーと

して独立させる。
○平成十一年十一月にＪＲ新蒲原駅前のイオンタウン内に「すべてのお客様に喜んでいただけることが私たちの喜び」をモットーに、28坪の「デラモード・イン・スミ蒲原店」をオープン。
○平成十三年四月に身体障がい者用リフト車を購入して送迎センターを設立。
○平成十四年三月に富士宮市田中町に40坪の自社物件「ル・シード田中店」をオープン。
　平成二十六年五月には「髪の医者」をテーマに「お客様に似合うヘアスタイルの提供」「気持ちのよいシャンプー＆マッサージ」「最高の明るい笑顔と挨拶のおもてなし」を3つの柱として「ル・シード田中店」をリニューアルオープン。
○平成十七年四月に自社物件のエステ部門を設立し、新入生3か月の教育システム、アカ

「サンフレンド」富士店

デミーを設立。

○平成十七年　八月に富士市天間に43坪の「天間店」をオープン。

「サンフレンド」小泉店

平成二十二年七月に天間店から移転する形で富士市本市場新田に「ル・シード富士店」をオープン。この「ル・シード富士店」は、店内をレディースフロアとメンズフロアに分けて、男性にも女性にもリラックスしていただける空間を提供。

○平成十八年　八月に有限会社すみーずＷＯＲＬＤを設立。

○平成二十年　四月に富士宮市前田町に社長直営の45坪の「美容室アルクール」を設立。

「贅沢な癒し」をテーマにしたトータルビューティーサロンを目指してエステ部門を「アルクール前田店」に移転。

「アルクール前田店」は、フロアから独立したシャンプーブース、エステルームを備え、リラクゼーションメニューが充実しているのが特徴。
○平成二十年〝わんちゃんのため美容室〟「アルクール・わん」を前田店に隣接させてオープン。
美容室で飼い主さんがきれいになって、おとなりではペットの犬もきれいになって、一緒に帰っていただけるというコンセプト。
○平成二十五年　社会保険加入、創業から四十周年を迎える。

「デラモード・イン・スミ」蒲原店

このように、現在は5店舗の美容室（うちペット可1店）を経営するまでに成長させていただいています。
障がい者送迎サービス、ガン患者のための個室美容室など、新しいこと、ニッチなサービスに光を当ててきましたが、わんちゃんのシャンプー、トリミングを飼い主さまのための美容室に併設したこともお客様のニーズに対応した画期的なことだと思っています。

このペットのための美容室を思い立ったのは、たまたま私も犬を飼い始めたことがヒントでした。そのときに上手なトリミングのお店を探したのですが、思ったようなお店に出会うことができず、「じゃ、うちでやりましょう」ということになったのです。

平成 13 年に身体障がい者用のリフト車を導入

巷《ちまた》ではペット同伴で一緒にコーヒーやスイーツを楽しめる喫茶店も増えているのですから、飼い主さんとペットが一緒にきれいになって帰る美容室があってもいいのではないか、という発想です。

そこで「アルクール」の横に犬の美容室を併設するためにスペースを空けて、犬のトリマーさんを雇ったのです。飼い主さんは美容室できれいになって、お隣でペットもきれいになって、一緒にきれいになっ

自社物件の「ル・シード」田中店

て帰るというシステムをビジネスモデルとして確立したのです。

おかげさまで、とても上手なトリマーさんに巡り逢うことができ、お客様からの評判も良くて、忙しい繁盛店になりました。

余談ですが、我が家の犬は黒のダックスフンドで名前を「めだか」といいます。

あるとき、娘が「犬を飼いたい」と言ったのですが、娘の家は新築ほやほやだったので「子犬のいたずら盛りが過ぎるまでしばらく実家で飼ってほしい」と言ってきたのです。

そこで我が家で飼うことになったのですが、問題がひとつありました。夫は犬が大嫌いで、これまでも「犬なんか飼いたくない」と言っていたのです。

そこで、夫に内緒のミッションは着々と進みました。飼う予定の犬はブリーダーさんにお願いしておいて、子犬を迎え入れるための品物は、夫に内緒で全部私の車のトランクに入れて準備を整えておきました。

メンズフロアを併設した「ル・シード」富士店

やがて子犬が生まれ、母犬のもとでゆっくり成長を見守ってから我が家に連れて帰りました。その時、子犬もゲージもなにもかもが一斉に家に到着です。するとそれを見た夫は怒る間もなかったようで、唖然《あぜん》としてその成り行きをみていました。

「鳩が豆鉄砲を食ったよう」とはこういうことだと思います。

それで「めだかくん」との同居がスタートしたのですが、今ではあんなに犬を飼うのを嫌がっていた夫が「めだかくん」にベッタリで、同じ布団で寝ています。

犬に「めだか」という名前も変わっていますが、これは娘のこだわりのネーミングです。娘は、犬らしい

富士宮市前田の美容室「アルクール」

名前はイヤだと言っていて、ダックスフンドは胴が長いから、その容姿から「めだか」にしたと言うのです。もしも生まれてきた子犬がクリーム色のダックスフンドだったら、名前は「しらす」にすると決めていたそうです。

家族の一員・めだかくん

第3章
“ガン”になって良かったこと

上善如水《じょうぜんみずのごとし》──流れに逆らわない

第1章では、ガンという私の肉体に起こった「アクシデント」とどう向き合ってきたかをお話ししてきましたが、この章ではどうして私が「病気と闘わない」という選択に至ったか、そのバックボーンでもある私なりの「哲学」というか、「生きていく姿勢」についてお話ししていきます。

私の生き様やものごとの捉え方が、今、悩みを抱えている読者の方々の気持ちを少しでも前向きにできたり、一歩を踏み出そうとするきっかけになれば嬉しいです。

私の考え方というのは仏教的な教えが根底にあると思っています。

私には懇意にさせていただいているお坊さんがいらっしゃいます。以前よりそのお坊さんの講話や、折に触れて仏教的な話しを聞く機会にも恵まれてきました。そのようなことから人の教育とか、仕事の経営なども仏教的な教えをヒントとしてきました。

また、上善水《じょうぜんみず》の如《ごと》しという「流れには逆らわない」という生き方にも強く引かれています。私はよく「水の流れ」ということを家族や社員にも話します。もちろん、なによりそれは私自身に向けたエールでもあります。

「水の流れ」と聞いて、みなさんはどのようなイメージを持つでしょうか。たぶん、多くの方は、この老子の教えを表した四字熟語、「上善如水」になるのではないでしょうか。

「上善は、水の如し」とは、理想の生き方は、水のように生きることであるという意味で、老子は、「上善は水の如し、水は善く万物を利して而《しか》も争わず。衆人の悪《にく》む所に処《お》る。故《ゆえ》に道に幾《ちか》し。（水は万物を助け育てながらも自己主張をせず、誰しも嫌う低きへ低きへと下る。この水の姿は人の道の理想である）」と説きました。

つまり、「我を張らずに万物を育《はぐく》みながら低いところへ流れていく水のような生き方こそが最高である」という教えだとされています。

川を流れる水は決して逆らわず、岩があればしなやかにその流れの方向を変えて岩をうまくよけて流れていきます。そして、人の嫌がる濁った水たまりや、湿地のような低い場所にも流れていきます。

こうした水の有《あ》り様《よう》を人間にたとえてみると、争いを好まずに謙虚でありながらも、けして消極的な生き方ではありません。私は、水ほど大きな力を秘めている自然現象はないと思っています。

このような想いから、ガンになっても「それも人生という川の流れ、それには逆らわない、闘わない」という考えに至ったのです。それは無気力な無抵抗な投げやりな態度ではなく、ガン、それさえも受け入れて向き合って、最善の関係をどうやって築いていくかということです。

何ごとにも必ず「始まりと終わり」があります。人生も始まりがあれば時間の流れによって終わりに向かっていく。カウントダウンしていく。その流れが水の流れと考えればわかりやすいでしょうか。

ガンになって良かった

この本を書く上で、私が一番に言いたかった、伝えたかったことは「ガンになって良かった」ということです。もちろん、異論も反論もあると思いますが、そういった病との向き合い方もあるということをご理解いただければ幸いです。

第1章で、ガンが特別な病ではなくなってきたことをお話ししました。多くの方々がガンの闘病記や向き合い方を体験本にしていますが、その中でもこの頃は「ガンになって良かった」と感じている患者さんが多いことに驚きます。そして、私もそう思える一人です。

もちろん、喜んで「良かった」というのではありません。病気に向き合ったとき、喜びがあるはずはなく、辛いことや悲しいこと、情けないこと、イヤになってしまうこと、悔しい思い、後悔もありました。それでもなお、「ガンになって良かった」と思えることは間違いなく私の中心にあります。

ガンの告知を受け、余命という残された時間が目の前に示されたとき、私は初めて私と向き合ったのです。それまでは夢を追いかけ、先ばかり見て走ってきました。そんな私が初めて立ち止まったのです。

余命という限られた時間と向き合ったときに「さて、なにをやるべきか」「時間は限られている、伝えること、やるべきことを身体が動くうちにやらなければ」と、そこから新たなスタートでした。

ガンにならなければ「いつか、いつか」と考えて後回しにしてきた大事なことがたくさん頭に浮かびました。

これが、くも膜下出血や心臓病、脳卒中、交通事故であれば時間は与えられません。一瞬にして人生が閉ざされてしまうことも多いのです。そうなると､残された人は大変です。このように心臓病や脳卒中、交通事故では自分の始末ができないことが多いのです。

ですから、私はいつもガンになって落ち込む人に、「私はガンになってよかったと思っているんだよ」と言うのです。

私もガンと宣告されてからは、自分の仕事をノートに書き出して整理を始めました。社員が見たとき、どこになにがあるかがわかるようにするためです。

「こういうときは、こうしてください」と、会社のことから家のことから、いろいろと書き出してみました。書いていてわかったのですが、家族も社員もどこになにがあるのか知らないことだらけです。

彼らが私という存在を失ってしまったら喪失感の中でオロオロすることは想定できます。ノートに書き出しておけば伝えられるし、説明もできます。事故や心臓病で死んでしまったら伝えることもできない。そう考えたらガンで良かったと思えるのです。

「死ぬ」と言われても何か月か、うまくいけば何年かの時間があるわけですから。ですから、そう考えたとき「ガンになって良かった」と思えるのです。

人間は誰しも必ず死ぬ時がきます。そう考えると、「ガンで、いいんじゃないか」と思います。自分の後始末、いわゆる「終活」もできますからね。

周りの人も心の準備ができます。大事な人と大切な時間を共有することもできます。やがては寝込んで動けなくなるときがきますが、そうなれば最後です。

重い病に気づかず、体調不良と思いこんで、死を意識せずに徐々に動けなくなってしまうこともあるでしょう。そして自分の後始末ができないで逝くこともあります。

でも、ガンというのは「いずれ自分は死ぬんだな」ということを想定して生きていきますから、動けるときに悔いのないように始末ができるのです。

ですから「死ぬ」ということを考えたとき、向き合う形としては悪い形ではないと思います。生まれた限りはいつか死ぬのです。その時期を教えてもらえるのですから見方を変えれば悪くない。

私の場合であれば、完治を望みながらも夫や子どもたちと心残りがないように時間を共有していくという前向きな時間に変わりました。幸いにも私の場合は、ガンからの卒業を医師から告げていただき、今に至ります。でも、私の病をとおして「死」と向かいあってきた家族との時間はお互いをいたわりあう大切な時間となりました。

もし今、この本を読まれている人がガンを抱えているとしたら、不安な気持ちや恐怖、病に対して憎しみ、健康な人に対して嫉妬を持つことがあるかもしれません。でも、現実は変えられないのです。マイナスな思考やストレスはあなた本来の輝きを曇らせてしまいます。一日の時間はどんな人にも平等です。その時間をどう使うのか、あなたの意識次第でいろいろなものが変わるのです。

死を迎える……かもしれない。私のように末期から戻るかもしれない。それはまさに「神のみぞ知る」領地であって、神レベルの大きな力の中にすべてを投げ入れて、日々の目の前のことを頑張っていくことに集中してください。

私は、ガンになってこの経験は経営にも当てはまることを学びました。それは、会社経営というのは、代表である自分が死んでしまったときのことも考えておかなければいけないということです。

なんの準備もしておかなければ会社は倒産してしまうかもしれません。倒産という他人に迷惑をかける事態を避けるためには、倒産する前に経営ができないと判断したら会社を閉めるという決断ができるかもしれません。さて、会社を閉めるとなったらやるべきこの優先順位が見えてきます。ガンになって自分の始末をするのと同じです。なぜなら、会社も自分の一部なのですから。

あくまでも私の個人的な経験からいえることなのですが、病気とは「闘わない」こと。できるだけ「闘う」という言葉は使わないで、病気と向き合ってみてはいかがでしょうか。

病気は自分の健康な細胞と共に、自分の身体の中で自分の一部として存在しているわけですから、それを「敵」だと思ったら、健康な細胞に対しても攻めていってガンはどんどん強くなっていくと思うのです。

できるだけ「闘う」という意識を持たないで、ガンを活動させないように自然の免疫力を高めるためにさまざまな工夫をしてみてはいかがでしょう。

あくまでも私の体験ですから、すべての人に当てはまるとは思っていません。少数の方でも私の体験がヒントになれば幸いです。

このような私の「ガンになって良かった」という体験を私も参加しているＳＰＣという経営者の団体で講演したことがあります。もちろん、講演のタイトルは「ガンになって良かった」というものでした。

不運（闇）の裏には幸運（光）がある

冒頭でも「大きな闇には、大きな光が隠れている」ことをお話ししました。

ありがたいことに私がガンになったことで、私を中心に家族、社員のベクトルが同じ方向を向いて動き出しました。私がガンになったそのときを節目として、家族も社員もみんなバラバラだった方向性が改めて同じ方向を向き出して動き始めたのです。私自身が「ガンは不治の病」という意識が薄かったので、周りの変化はよく見えていました。

くり返しになりますが、みなさんはガンというとすごい病気にかかったと思うかもしれませんが、私は昔からガンを大きな病気だとは考えていませんでした。ですから、ガンの宣告を受けたとき、周りは大変だと思ったでしょうが自分自身はサラッとしたもので、「ガンになってしまったか」といった感じでした。

現代ではガンになる人の数は3人に1人。裏を返せば治っていくガンは多いのです。ですから医師のもとで治療に専念しましたが、私が落ち込むことはなかったので、周りも驚いていたと思います。逆に私がみんなを励ましていたくらいです。

おもしろいもので、ガンを授かったという私を中心として、協力者の引き寄せ、彼らの意識の引き上げが目に見えて起き始めました。そのような家族や社員を見ていると、これから先にどんな嬉しいことが起きるのか、どんなありがたいことが起きるのか、楽しいことが起きるのか、その変化を楽しんでいました。

この先数か月、数年で失うかもしれない「私」という人間を中心として、彼らは自分の願いや欲望ではなく、協力し合って最良の方向を引き寄せようとしてくれたのです。

ガンは私を変えてくれたように周りの人たちも確実に変化させ、各人を光らせることになったのです。彼らを見ていて改めて私が感じたことは、「会社はチームだ」ということです。チームには目標があり、それに向けて一丸となる時期《とき》があります。もちろん、それぞれが店舗を任された社員ですから、彼らには彼らの店舗の目標があります。

私のガン宣告は、幹部社員に改めて会社の「大儀」を自覚させてくれたのです。私を失ってなお、会社を引き継ぐために同じ目標を再認識したのだと思います。

大きな不運の裏には、大きな幸運が必ず存在すると私は信じています。起こっている現象に闇があれば、それと同じだけの光があるのです。

私が宣告された「大腸ガン末期」という大きな闇には、同じだけの光があるはずです。それを、視点を変えることで感じることができたことは最高の喜びです。

「人間万事塞翁《ばんじさいおう》が馬《うま》」とはよく言ったものです。人生における幸、不幸は予測しがたいもので、幸せが不幸に、不幸が幸せにいつどんな大どんでん返しが起こるやもしれません。やすやすと喜んだり、むやみに悲しんだりするべきではないと喩《たと》えた言葉です。

不運だけとか、幸運だけの人生なんてあり得ないと思いませんか。あなたが今、不運だと感じているのなら、その先に同じだけの幸運があると信じて、今は腐らないで頑張ってみてください。

辛《つら》いのはその先の大きな運をつかむ予兆だと思って、そこから逃げないで踏ん張ってみてください。踏ん張っている人に不運ばかりが続くことはありません。必ず節目という時期がやって来て幸運に転じるでしょうし、幸運にあぐらをかいていれば、その逆も起こります。

不運の時期に愚痴ばかり言って、怠けたり、泣き言を言っていると言葉も否定的になります。不運なことが起こったときこそ、前向きで明るい言葉を使ってみてください。

私が実践して、本当に納得したことがあります。

私は、ガンと宣告されても、いっさいネガティブな言葉、周りを暗くする言葉は言いませんでした。私が明るい言葉、前向きな言葉を使えば、相手からもやさしい言葉、前向きな言葉が返ってきました。

あなたもどんなに苦しくても前向きな、誰が聞いても気持ちの良い言葉を使う人でいてください。それが最も早く幸運に転じる方法です。きっと状況は変わってくるはずです。

「これから」が「これまで」を決める

すでにお話しさせていただいたように、私は幼少期に実母が出て行き、養母に育てられたことで、自然に気遣いと人に頼らない生き方をしてきました。

ことあるごとに、私は「なさぬ仲」「母親と血のつながりなく可哀想だ」と周りに言われました。けれども実際は、養母とはうまくやっていくことができました。それは本当に感謝しています。そんな仲でさえも、幼いながらに言いたいことを何でも養母に言うべきではないと理解していました。ですから、養母の顔色を見ながらものを言う、顔色を見てタイミングを計るということが身につきました。

そういった「周りに気を使う」ということを5歳のときから教えてもらってきているのです。私にとって、それが社会に出てから自分の人生の中でプラスになったと思います。

美容師になっても、経営者になっても、「周りに気を使う」ことはとても大切で、相手の顔色を見る、つまり、相手のことを考えて、言葉も考えて、そして行動する上で活かせる技術にもなるのです。

振り返ってみると、幼心《おさなごころ》にすんなり養母を受け入れたかと言えば、そうではありません。やはり葛藤はありました。表面には現さなくても、一時期は父親が女をつくって生みの親を追い出してしまったと、心の中で父親に反発していました。でも、その経験も自分の人生にプラスになっていると感じています。

ですから私は、自分の生い立ちや経験から得た人生論のような話をよく社員にも話します。ある美容師は親が離婚をしたことを許せないでいました。そういうときに私は、自分の経験を話します。

「子どもがいるのに離婚した親を憎むのもわかる。でも、自分が結婚したときに親の気持ちがきっとわかると思うよ。私も結婚して父親が女をつくったという意味もわかってきたし、すると、だんだん父親を許してわだかまりが解けていくのよ。だから、私の話も頭の隅に置いて、いつかわかり合えるって、ものの捉え方を変えてみるといいかもね」と話しました。

彼女は離婚した親に対してどうしても許せずに、頭に来ているというか、日々、怒りに支配されていました。「父親が女をつくって！　絶対許せない」と。

「だったら母親が2人いるとか、そういうふうに考えてもいいんじゃない。怒っていたら自分が苦しくなるけど、相手を認めて許せば気持ちも楽になるし、そのほうがいいんじゃない。過去は変えられないんだから、自分がどういう生き様をしていくかでイヤな過去はプラスになるし、肥やしになるんだよ」

彼女はそんな私の話を終わるまでジッと聞いていてくれました。少しは頭の隅に残ってくれるといいのですが……。

マイナスだと思っていた過去の辛い経験は、その後の自分の生き方次第で、辛い過去があったから今ここまで来られたとプラスの財産に変わってくるのです。

私が社員に言い続けているのは「ものの捉え方はとても大事だよ。どういうふうにものごとを捉えるかで人生は変わるんじゃないかな」ということです。

私に訪れた「ガン」という不幸が、人との繋がりを強くしてくれたり、私のやらなければいけないことを明確にしてくれたのです。捉え方を変えれば、それをヒントとして人生に活かしていけばいいのです。不幸は幸福と一対《いっつい》ですから。

私は、ものごとはすべて「紙一重《かみひとえ》」だと思います。なにごともどっちかに転ぶのですから。同じ現象でも自分がどちらに転ぶかで幸福にも、不幸にも感じられるはずです。社員の中には離婚している女性もいます。確かに離婚は不幸な一面もあるでしょう。でも、それによって気づかされること、ありがたいと思えることもあるはずです。

彼女は離婚する前から美容師として活躍していました。美容師という手に職を付けていたからこそ離婚という決断ができたのだと思います。そして、その資格を持っていることがこの先も子どもを育てていける自信になったのでしょう。

いがみ合った愛のない家庭で育つ子どもよりも、一生懸命に仕事をして自分を育ててくれる母の後ろ姿は子どもの心を真っすぐに育ててくれると思います。そんな人を会社はバックアップしていけばいいのです。

私はそんな感覚で生きています。また、いつガンが再発したとしても私は変わらないでしょう。

もう一つ、私が社員によくする話をご紹介します。

目の前に川があって、今にも壊れて落ちそうな橋がかかっています。どうしても向こう岸に渡らないといけないとき、あなたならどうしますか。

社員がどのような手段を考えるか、この質問を投げかけてみるのです。

ある社員は、その橋を通りたいけど壊れるかもしれないから「どうやって行こうか」といつまでも眺めている……。

ある社員は、橋を叩いて強度をみてみる。橋はあぶないかもしれないので、飛び込んで向こう岸まで泳いで行く。ただ、泳いだときは流れが速くて流されてしまうかもしれないリスクがあります。

もし流されたとしても、そこになにかが漂流してくるかもしれないし、途中で大きな石があって掴まることができるかもしれない。草があって掴《つか》まることができるかもしれない。もしかしたら、川は思いのほか浅いかもしれない。

もちろん、正解などありません。

私はどちらかというと、すぐに行動を起こして次のアクシデントに出会ったとき、またそこからものごとを考えるタイプです。私のようなタイプはリスクが高いかもしれませんね。でも、一番成功率が高いのは行動を起こした人です。

アクションを起こすことで、次のアクションにつながります。見ているだけでは現状は進まないことだけは確かです。私は問題を解決していくためにはリスクは取らないと前には進めないこと、現状を破って初めて次へのステップアップの入り口に立てることを伝えたいのです。この考えは新人研修でも話しています。

人にはそれぞれ性格がありますから、私の人生経験ばかりを参考にしてくださいとは言えません。けれども現状を変えるためには、何らかのアクションを起こさなければなりませんし、そのためにアクシデントとリスクを超えていく覚悟が必要なのです。

社員の中には経営者として成功していくタイプの人間もいれば、組織の中で重要な参謀として力を発揮する人もいますから、橋を渡るにもいろいろな方法論があっていいのだと思います。どれがいい、どれが悪いということはありません。それぞれの長所を生かしてポジショニングをするのが、経営者としての私の役目です。

第 4 章
凡事徹底の教え

Sumi

仕事をとおして人格、品格を育てる

この章では私の経営者としての哲学の基礎となっている理念と、そこに至った出会いとヒント。そして、ガンという病気をとおして気づいた、美容家として取り組まなければいけないボランティア活動のお話をさせていただきます。

私は「人生とは仕事をとおしてつくっていくもの」だと思っています。学生時代は、親にも養育と教育の義務があります。親の庇護《ひご》のもとでの養育の時代を卒業してからが、自分の人生の始まりです。

職業は自分で選択して踏み出していく世界です。仕事をしていくと、同じ職をとおして仕事ができる憧れの先輩や人間的に尊敬できる上司に出会うでしょう。もちろん、その逆もあります。職場とは、いろいろな人生観を持って仕事をしている人たちの集団です。そこは自分を磨くには一番の場所ではないでしょうか。

ですから、慣れない仕事を辛く思うのか、自分の人生の勉強として学ぶ姿勢を持って仕事をするのか、捉え方で違ってくると思います。

仕事の中で、あなたにとっての目標をどこに置くかです。ただ、生活するための手だてとする人もいるでしょう。ずる賢い人は、会社に行って時間を過ごせばお給料になるわけですから、それで満足することもできます。

つまり、仕事の時間の価値をどう考えるかです。

「人は仕事をとおして育っていく」というのは、そういった自分自身と向き合って人格を高める場でもあるからです。

美容師の多くは、18歳で高校を卒業して専門学校に行って、美容師としての技術を身に付けます。そして、社会人として間もなく現場で活躍します。

といっても、はじめからでき上がっている人間はいませんから、仕事をとおして目標とする人間に成長していかなければいけません。それを助けるのが、彼ら、彼女らを預かっている経営者だと思いますし、育てることは経営者側の責任です。

私も仕事を通してＳＰＣという美容関係者の団体に出会って、経営の勉強をさせていただき、今の考え方に至りました。もちろん、私自身もまだまだ成長過程にいるのです。もっと、もっと成長していきたいと思います。

店舗が増えて社員が多くなっていくと、さまざまな世代や性格の人たちと接することになり、容易に人は扱えないなということは、とても実感するようになりました。

私もはじめは、社員を雇っている、使っているという感覚だったと思いますが、多店舗展開を始めると「人を育てる」ということが、どんなに会社にとっての生命線かがわかってきました。

今は、私の代わりに社員をまとめたり、叱ってくれる店長や幹部の人たちが育っていますから、私が複数いるような状況でとても助かっています。

店長たちも、人と接する仕事ですから気遣いはあると思います。でも、そのときに相手に求めすぎたり、自分の意見を通そうとすると、お互いにストレスになります。相手をよく知り、その場に則した対応が求められるのです。

それには、どんな人間でも悪いところだけではなく、良いところが必ずあるはずだという基本姿勢が大切です。ですから、どんな相手にも良いところを探すことを心がけてもらいます。このような「社員の間で、お互いの良いところ探しをしましょう」という活動はどの店でもやっていますし、私自身もいつもそのような目線で社員と接しています。

私の会社の社訓は「凡事徹底《ぼんじてってい》」です。平凡なことを徹底的にやりましょうということです。それが会社の社是《しゃぜ》になっています。

なんでもない、当たり前のことを徹底的に行う意義とは、「当たり前」をおざなりにして成功はないと私は思っているからです。当たり前のことを徹底的に極めていったとき、誰にも負けない、追随を許さない結果が自ずから出ます。大リーガーのイチローを思い出してください。彼ほど「凡事徹底」を貫いている人は珍しいし、それによって追従を許さないステージを確立しています。

社員の中には技術者として成功する、結果を出すためには特別な才能が必要だと思いこんでいる人がいます。けれども、野球にしろ美容師にしろ、元をたどればどんな分野でも最初から天才的に上手《うま》くできる人などいないのです。みんな当たり前のことをくり返し、くり返し、忠実に実践することによって大きな結果、成功をつかんでいます。

たとえば「自主的にトレーニングメニューを３回やる」と決めたとします。これなら誰でもできると思います。しかし、これに「毎日」がついたらどうでしょう。あっという間にできる人は減ってしまいます。

1週間後には数人になり、1か月後に続けている人はいないかもしれません。

私の会社の場合、「返事」「挨拶」「後始末」という、人としてやるべきことを徹底します。まさしく凡事です。たった、これだけですがこれこそ凡事の基本です。

美容室のみならず店舗を構えた接客業にとって、この3つはとても大きな意味を持っています。私の会社ではこの3つを各店舗で大切にしています。

当たり前のことを人には真似できないほど一生懸命やる。「この誰でもできる」という、なんでもないような当たり前のことを徹底して毎日実行できた人が、技術だけではない精神力と人望を得られるのです。

「なんでもない当たり前のこと」をやるために特別な才能は必要ありません。だって、当たり前のことは誰でもできることだからです。けれども、それが将来の成功を必ず左右します。技術だけでなく、人間力の差がでるのか、でないのかは、当たり前のことを徹底してできたか、できなかったかの差なのです。

一般的に、接客の基本はコミュニケーション能力とよく言われますが、その前に身につけておかないといけないことがあります。それは人としての有り様――つまり人格です。お客様はいつも見ています。お客様の目はとてもシビアですから仕事だけではお客様は付いてきません。仕事をとおして人間性を磨くことが第一なのです。

技術は経験によって磨かれますので、凡事の重要性を教えていくのが私の仕事だと思っています。技術は自分で努力すると得られますが、人格を育てることは上の者が目をかけてチェックを入れていかないと伸びていきません。ですから私は、タオルの干し方、お箸の持ち方、歩き方まで注意します。おもしろいことに、人格、品性は後ろ姿にも現れます。それをお客様は見逃しません。

現在、四十年以上お店を経営していますが、経営者である私の理念を理解して、ついてきてくれる生え抜きの社員が多いことが私の自慢です。みんな長年勤務していて気心が知れた仲間です。その部分では大成功だと思っています。

また、凡事を徹底するためのサポートとして、社員はみんな「ミーティング帳」という手帳を持っています。毎年1月の1年の始まりのときに、一人ひとりにミーティング帳を渡して1年間の自分の目標を書いてもらいます。社是である「凡事徹底」もそこには書いてあります。

なにが言いたいかというと、「凡事徹底」とは、向き合う相手は自分なのです。お客様でもなく、同僚でもありません。相手になるのは自分自身です。

私が「ガンとは闘わない」というキーワードの根拠はそういうところにもあります。向き合う相手はガンではなく自分ですから、闘う必要も敵もないのです。

さらに加えてお話ししたいことがあります。

私たちのように技術を学ぶ職業は、上下関係はとても大事です。新人研修のときに「お店の中で先輩が白だと言ったら白。お店を出たら、『どうして白ですか？』と聞くのはいいです。でもお店の中では先輩が白と言われたら絶対に白。そういう上下関係は構築していかないといけません。ルールはないといけないと思っています」と新人に伝えます。

そのへんはうるさく徹底させます。そこが根底にあって、それぞれに仕事に向かっていますので、私の会社の社員はうまくいっているのだと思います。

「母になる」覚悟をもって社員を受け入れる

この章の始めでもお話ししたように、会社は社会人として人格を育てる場であると私は考えています。そしてなによりも私が伝えていくことは、「当たり前のことを当たり前にできる人間」です。技術よりも「人間性が磨かれた美容師さん」という人材を企業の使命として育てています。

技術はどこでも覚えられますが、「スミさんに雇ってもらって良かった」と本人はもちろん、親御《おやご》さんにも思ってもらえることが大事なのです。実際、私は社員を入れるときは「母親になる」という覚悟をもって受け入れています。その覚悟がなかったら、うちの社員にする意味がないと思っているからです。私は覚悟を持って社員に入社してもらっていますから、子どもと同じように接しています。

入社のときに親御さんにも、「自分の子どもと思って接します。悪いところがあれば叱ります。子どもさんが技術だけを身につけたいのであれば他の美容室に行ってください」とハッキリ言います。

私は古参の社員や友人にも「社員を自分の子どもだと思って雇えない経営者は経営者として失格だよ」と言っています。だって、悪いことをしたら自分の子どもは叱るでしょう。「こういう人間になって欲しい」と願って親（私）は育てるのです。

親はお金を出して学校にも行かせて育てます。だから私も、社員の教育にお金をかけます。社員にお金をかけなければ、スキルアップもしないし、人間的に優れた人材にも育っていきませんから、社員教育にはお金をかけます。それができなかったら社員を使う資格はないと思っています。

業界の中を見回してみると、なかなかそういうふうに経営者は考えてくれないですよね。使い捨ての経営者が多いことは悲しいことです。「恐いお母ちゃん」と社員から思われても、そんな経営者だけにはなりたくありません。

新入社員のときから基礎である凡事を徹底的にできるようになれば、人間性が上がってきて仕事は自ずとレベルが上がってきます。

ところが中にはそれを何度話し合ってもできない、やらない社員がいます。そんな社員にはすぐに辞めてもらいます。彼、彼女にとって私がお母さんではダメだということです。

社員が私を受け入れないのであればお互いのためにたとえ手が足りなくなっても辞めてもらったほうが、この会社の環境にとっても、その人の今後のためにもいいのです。そこも徹底しています。

また、人として、社会人として生きていく上で「時間」と「お金」は大切な問題です。遅刻を平気でする、お金にルーズ、これを注意しても直さない場合は辞めてもらいます。今は、この判断を各店長に任せていますが、私が現場を仕切っているときは３回遅刻すると辞めてもらいました。それが入社時の約束だからです。たとえ親が頭を下げに来ても辞めてもらいました。どんなに忙しくて手が足りなくても辞めてもらいました。

自分が遅刻したとき、人に迷惑をかけることが理解できない人は、チームワークを乱します。その協調性が理解できないのであれば職場を変えるしかありません。

次に、大事なお金の話もしましょう。

お金というのは私たちが生きていく上で大事なエネルギーです。

「お金があったほうが幸せなのか、なくても幸せなのか」と聞くと、大多数の人は「お金はあった方が幸せだ」と言います。お金があるから幸せだとは言い切れませんが、お金での苦労は数多く発生します。お金の苦労が人の苦労や信頼関係、不幸な環境へとつながっていくこともあります。ある程度お金に不自由がなければ人間関係も良好に保たれます。お金を大事にしない人や借金をする人、サラ金に手を出す人は、人生での成功は難しいのではないでしょうか。私の会社では節約ができる人になるように指導をしています。できる限り、仕事をとおして人間的なことも育てていきたいのです。

先ほど入社時に社員や親御さんに「私が母親になる」と宣言するとお話ししました。それこそが、会社が一丸となって人材を育てることの基本だと思っています。

入社時、私は新入社員の親御さんに対して「私は親御さんよりも愛情のあるお母さんになれます」と言い切ってしまいます。言い切る限りはとことん面倒をみるし、怒るときは怒る。叱るときは叱る。私はこのように母親となる覚悟ですから、中途半端な気持ちで社員を採用はしません。

店長にも「中途半端に社員を入れたら可哀想じゃない。面倒をみるならとことん面倒をみないといけないよ」と言います。30年以上勤務している、いわば私の右腕の社員が、私がいないところでも「うちの社長に面倒をみてもらうと、とことん見てくれるからいいよ」

と伝えてくれています。

あるとき、こんなことがありました。

ちょっと恐い人たちと関わりを持ってしまった子がいました。私は、躊躇《ちゅうちょ》なく彼らのところに飛び込んでいったことがあります。他人はできなくても母親ならきっとする行動でしょう。

なにかトラブルがあったということではありません。ただ、恐い人たちの友人と付き合うようになったころから、その子が仕事を休むようになり、だんだんと勤務態度も悪くなってきたのです。一番には、この子の軌道修正をしたいという思いがありました。そして、他の従業員への影響、ひいてはお客様への影響とそのマイナスの余波は広がっていくことは見えていました。

そこで、友人たちのところに乗り込んでいって、

「付き合うのはいいけど、この子の将来を考えてくれないかしら。付き合わないでくれというのではなくて、この子は美容師という道を決めて働いているんだから協力してもら

えるとありがたいんです」

と、その子の将来を親しくしている恐い人に協力して欲しいと頼んだのです。

私は、従業員を「母親として受け入れる」といった限りは、自分の子を守るために乗り込んでいくことはなんでもありませんでした。みなさんは、恐い人だからと思って敬遠してしまいます。でも、ちゃんと道理を通して頼んだらわかってくれます。彼らの世界では義理人情というのは強いですから。話の筋が通ればスパッと理解して協力をしてくれるのです。もちろん、彼らは気持ちよく協力を約束してくれました。

余談ですが、私は義理人情が好きです。日本人の心の中心にある美学は、義理人情だと思っています。最近はどうも義理人情がない。人の痛みを察しようとしない、できない。そのためにおかしな事件が多いのだと思います。

義理人情は社員にも身を挺《てい》してとことん教えています。やはりお世話になったら感謝を表すことを忘れてはいけないということです。

私たちの職業は地域密着の仕事だけに義理人情は大事なことです。結婚前から定年になるまで勤めてくれている社員はその最たるものです。居心地が良くて辞めていかないのは、お互いがお互いを気遣って義理と人情を感じているから辞めないでいてくれるのだと思っています。

ありがたいことに、どの美容室もアットホームな雰囲気で、スタッフは結婚、出産後も働いてくれています。５店舗の中でも開業40年以上になる本店には、親子三代で来店してくださるお客様も少なくありません。

私の理想は、このように仕事を通して社員が人間性を磨き、それがお店の品格になってお客様が集まって来ることです。

お客様が「スミ美容室の子は良い子だよ」とか、「うちの娘をスミ美容室の男の子と結婚させたいな」「うちの子の嫁にしたいな」など、そんなふうにお客様が思ってくださる社員に育って欲しいのです。

ときには、うちの社員は凄いな、嬉しいな、と思うことがあります。

それは、毎年のお正月です。誰が言い出したわけでもなく、お正月は社員全員が私の家にお年賀にやって来るのが恒例になっています。裏を返せば、私はお正月の三が日は外に出られません。出たいと思うこともありますが、それが恒例となっているので家でおとなしく社員を待っています。

今ではこのような昭和な風習は薄れてきました。昔は会社の上司の家に夫婦揃って「今年もよろしくお願いします」とお年賀の挨拶に行ったものです。私たちの年代はそれが普通だと思って育ちましたが、それをやらなくなって久しいですね。

私は、こんな些細なことも会社の中で上下関係がおかしくなってしまっている原因のひとつかもしれないと思っています。現代人には少々面倒な風習ですが、上下関係もしっかり教える良い風習だと思っています。

お正月の元旦から三が日に私の家に社員みんなが来るのは自然発生的に恒例になったものですが、近年、私はなんだか社員たちが可哀想になってきたのです。三日しかないお正月休みに私のところに挨拶に来るとなると、自分の休みの予定も少なくなってしまうからです。なんとなく縛っているような気がして、自然に恒例化した行事ですが、社員が可哀想でやめようかと思ってＳＰＣの先輩に相談すると、

「気を使うということは徹底的に教えないといけない。身内の経営者に気を使えない人がなんでお客様に気を使えるんですか。美容師というのはそういう職業なんです。だから

可哀想だとは思わないほうがいい。彼らにとってもそれを乗り越えないとダメなんです」と言われてしまいました。

確かにそうですね。今現在、彼らが自主的におこなっている行事を私が止めるのは筋ではありません。見守ることにしましょう。義理人情、お世話になった人には礼を尽くす。それは日本人から失われつつある「心」ですから、私は社員たちの心を大切に見守っていきたいと思っています。

その先輩の会社を見学に行ったことがありますが、素晴らしい会社です。愛知県のオーナーですが、会社の業績も好調ですし、社員の接客も素晴らしい。お客様からも絶大な指示を頂いている尊敬するオーナーです。私は迷ったときはそのオーナーに相談しています。

さて、お正月が終わり、1月の第3月曜日に「年計《ねんけい》」といって1年間の目標や計画の立てる行事を行います。社員みんなが集まるのですが、そのとき、お正月にみんなが私のところに持ってきたお年賀のお菓子をみんなで食べることになっています。ですから、自分が食べたいお菓子をお年賀で持ってくれば、その日に食べられるという仕組みになっているのです。だんだんその仕組みがわかって、いろいろ知恵が働く社員もいておもしろいものです。こんな形で「気を使う」ということを教えていくことが続くといいのですが。

また、私の会社では、社員のお誕生日を盛大に祝います。結婚式のような大きなケーキを洋菓子店に頼みます。普通でしたら三十人分くらいのケーキがあれば、三十等分して食べますが、うちではもっと豪快です。ケーキを分けないで全員にフォークだけを渡して、そのフォークで大きなケーキを突っついて食べるのです。

もちろん、お誕生日の子は先に食べたいところを食べたいだけ食べます。ケーキの真ん中でも、苺でも、お皿に食べたいだけ取ります。誕生日の主役ですから好きなように食べてもらいます。それ以外の子は、お裾分けでフォークで食べます。

さて、そのときが生きた社会教育になります。主役の子はどうしても他人のことを考えることになります。自分がどれだけ食べてしまったら全員に行き渡らないとか、どこを食べたらいいかとか。他の人はどう思うかとか……。

そうしたら聞くでしょう。「あなたはどこが食べたいですか」って。それも楽しい教育です。私の会社ではこのように、何事にも自主的にアクションを起こす教育方針を取っています。

このあいだも慰安旅行をやりましたが、部屋割りを見たときに「この子は一人だけ違うお店の子だけど、この部屋割りに入れても大丈夫かな」と少し不安でした。するとマネージャーが「わざとそうしたんです」と言うのです。

というのは、自分のお店ではない社員が入ったときにお互いがどういうふうに接するかというのが教育だというのです。それを聞いて「うちのマネージャーもだんだん私に考え方が似てきた」と感心しました。だから私は「しめしめ」と思っています。

やはり気を使うというか、目配り、気配りは大事です。性格や個性はさまざまですから、おとなしい子で、なかなか自分から交わらない社員にどうやってみんなが声をかけて、その子の積極性を引き出すのか、そして、その子はその差しのべられた「手」をどうするかを注目しています。

旅行中もジッと見ていました。すると、結構いろいろな反応があって、お互いの良さが引き出されたのでマネージャーの作戦は大成功といえるでしょう。

私の会社は美容室ですから、もちろん技術も教えますが、そうではない人間としての関わりや成長という部分をとても大切にしています。

技術というのは、覚えたいと思えば私の会社でなくても覚えられます。東京で一流といわれる先生に教えてもらって、一流といわれている美容室に行くのもいいでしょう。それはどこを目指すかで方法論は変わってきます。

もちろん技術は大切ですが、私たちの職業はいかにお客様に愛されるか、指名をいただけるかという人間力にもかかってきます。自分よりも技術がうまい人はいるでしょう。もしも隣の美容室に自分よりも技術を持った人がいて技術だけでお客様とつながっているのでしたらお客様は隣の美容室に行ってしまいます。しかし「シャンプーもカットもあなたにやってもらっていると、なんだか気持ちがいいのよ」という技術プラスアルファが魅力になっていれば、長くお客様は通ってくださいます。

私の求める美容室は超一流の優れた技術を売りにしたお店ではなく、地域のお客様に長く愛されて二代、三代と気軽に通っていただける「心」のある美容室です。技術はもちろんですが、このお客様との信頼関係や心の交流というプラスアルファの部分をとても大切にしようと各店長と話し合っています。

個性もさまざま、でも家族同様の大切な社員たち

私の会社の美容師たちは、コンクールで優勝したわけではないし、世界で一番になったわけでもありません。県で一番技術があるお店でもありませんから、お客様に「愛される」その部分が最大の売り物なのです。地域の店として地元の方々とともに成長して、40年以上もやらせていただいているのですから、なかなか真似のできないビジネスモデルだと思っています。

　私は美容室を経営しているので、「美容室」を喩《たと》えとしてお話ししてきましたが、このようなことはどんなビジネスでも置き換えられると思います。

　私が目指したビジネスモデルは、地域に愛されて安定したシェアをいただけるお店です。そして、それを継続できる人材の育成です。

　また、これも余談ですが、私の美容室に新人として勤めはじめ、一からスタイリストになった青年がいます。彼は「ジャカルタで自分の腕を試したい」と1年前にジャカルタに武者修行に旅立ちました。その彼がむこうの休みを利用して帰国し、私の娘である純子マネージャーの家に来ることになり、それを聞いた社員がみんな集まってきました。

彼から聞くジャカルタの話はとても興味深く、おもしろいものでした。彼は異国の地で美容師としてやっていくことの大変さを語り、最後に「ジャカルタに行ったら、すごく日本の良さ、この会社の良さがわかったんです。僕はそれを社員のみなさんに伝えたい。みんなはすごく恵まれているんですよ」という話をしてくれました。

1年前に「やってみなさい」と送り出した青年は頼もしく成長しているようでした。

仕事・役職が人を育てる

このように、人を育てるときは、言葉で言って聞かせるよりもやってみせる、一緒に行動するほうが共感や理解は早いのです。しかし現代では、何でも合理的に考え、進めていくために、何でも「マニュアル化」して理解させようとします。

ガンという病気の経験でも、病気が出たら病気が出るような原因があったわけです。私の場合は、遺伝子的にも素養はあったわけですし、それを進行させた原因は頑張りすぎた義母の看病疲れもあったのでしょう。ガンになって身体は故障してしまいましたが、心がガンに怯《おび》える必要はないのです。私の心が怯えなかったのは私のことをよく理解してくれていた家族や社員のおかげです。私の周りにいた人たち、社員たちは素晴らしい人材として育ってくれました。私はガンになった一番の大きな収穫だったと思っています。

これは私の会社に限ったことではありません。

人も磨いていくとそれに合った人たちが集まってくる。そうじゃない人がひとり入っていると乱れる。

頼りになる渡井マネージャー

今では私の片腕になっている、勤続34年の渡井というマネージャーがいます。彼女が社員たちに「社長はこういうことをすると嫌うよ」「こういうことをするといいよ」「なぜ言われたと思う?」と私の言葉の解説を全部してくれるのでとても助かっています。

彼女が私の右腕でいてくれたから、宣言どおり3回遅刻した社員たちを首にもできたし、今の多店舗経営の基盤ができたのだと思っています。

このように時間をかけて人を育てて、その人にお店を任せることは大変なことです。私のような性格の人間には、はじめは不慣れで戸惑いもありました。すべてにおいて行動派の私には、見守る、任せるということがとても苦手だったのです。それでも会社には、高校生から育っている人たちがみんな頑張ってくれていますから、彼女たちのモチベーションも引き上げなくてはいけませんし、彼女たちはとても高いポテンシャルを持っていますから、それを会社の力として活かさなくてはならなかったのです。入れ替わりが早い美容室の世界で、十年選手がたくさん残ってくれている、これをうまく活用するのが経営者です。

渡井マネージャーを頭に、27年も勤務してくれている社員もいますし、彼ら、彼女らが新しく入ってくる社員に私の会社への想いや経営方針の解説をしてくれる。それが脈々と引き継がれていく。私が心をこめて磨いた彼女たちが右腕になって私の社員教育に力を貸してくれていると思うと「引き寄せ」という不思議な繋がりを感じます。人を育てたら、その人たちが次の世代を育てていくのです。これが多店舗経営への基盤となりました。

社員は頑張ればやはり店長になりたいと思うものです。そのとき、1店舗だったら店長にしたくてもできません。すると、せっかくの優秀な人材がさらなるステップアップを求めて他店に行ってしまいます。

だったら、ステップアップできる環境をつくってやればいいではありませんか。もう1店舗増やして、そこの店長にさせることで、人材も失わず会社も成長していきます。

また、おもしろいことに「仕事が人格つくる」ということがしばしば起こります。

どういうことかというと、「この子は伸びないかな」と思っても、責任のある仕事を与えたとたん、思った以上の能力を発揮したりします。トップに立つことで考え方も、ものの見方も変わってくるのです。

私は役職がその人を育て、自らも周りからも、役職に見合う器に育っていくということを身を以て体験しています。役職をもらうから人間性が育っていく、これは私たち経営者にもいえることで、その器になるように経営者も育っていくのです。

このように企業は人であることも事実ですし、お金と人の両輪がバランスよく保たれてこそ企業は安定します。よりよく経営を実践するために私が常に思う言葉があります。

「やってみせ、言って聞かせて、させてみせ、ほめてやらねば人は動かじ」

これは、太平洋戦争で連合艦隊司令長官を務めた山本五十六氏の言葉です。私は山本五十六のことは大して知らないのですが、この言葉は大好きで人を育てる上でもっとも肝に据えなければならないと思っています。

有名なこの言葉には、次のような続きがあります。

「話し合い、耳を傾け、承認し、任せてやらねば、人は育たず。やっている姿を感謝で見守って、信頼せねば人は実らず」

私はこの言葉を常に大切にしています。

店長やチーフをみていても「やってみせ、言って聞かせて、させてみせ、ほめてやらねば人は動かじ」という精神が、引き継がれていることに感謝しています。

私の分身のような店長たちが育ってくれたおかげで、多くの社員が豊かに暮らせるのです。自分がいなくてもこれだけの売上げを上げてくれていることは、経営者にとって社員に感謝であり、社員のありがたみを感じます。

私はグループ全体の経営を考えますから、店長や幹部クラスしかコミュニケーションを取っていません。１か月に何回か店舗に行けばいいほうですが、行けば社員たちと必ず話をするように心がけています。

各店舗は店長にお任せです。店長がどれだけキチンとまとめているのかは、売上げや集客数を見ればそのお店の状態は想像できます。お店の雰囲気、会話、清潔な環境があるからお客様がいらっしゃるのだと思います。

では、そんな大事な財産である社員を会社はどうやって守ることができるでしょうか。

大切な社員たちに安心して働いてもらうためには、社員たちに目に見える形で会社は答えなくてはいけません。

私の会社は社会保険全員加入、社会保険１００パーセントです。美容室で社会保険１００パーセントというのは少ないと思いますが、これが企業努力です。

新入社員にも親御さんにも「社会保険があるから安心」と会社を信頼して長く勤めてもらえるためです。

なんで、40年以上もうまく回っているのか省《かえり》みるとき、それは利益も大事ですが、もっと大事なことは、社員が私の思いを理解して同じ方向を向いて一緒に走ってきてくれたからだと思います。なぜなら、社員が辞めずに、私のタスキをどこまでも引き継いでくれれば会社は安泰じゃないですか。

自分が変われば周りが変わる

この章では仕事を通して人格、品格が育つというお話しをしてきましたが、次に自分の中でブレない人格が形成されたときに起こってくる〝引き寄せ〟についてお話しします。

私は「自分が強く信じたことが現実になる」と思っています。みなさんも同じような経験をもたれているはずです。

「病気があってもやりたいことをやろう！」

そう強く願ったなら、本当にそうなると信じてください。あなたがどんな障害を抱えていても、潜在的にやれる力があるから「やりたい」と願うのではないでしょうか。それはとても良いことで、迷わず行動を起こしてみましょう。もちろん、できることの大小はあるかもしれません。でも最終的には、あなたの心の声に従ってみるのです。

「いや、私はやりたいことがあってもいつもできないで終わってしまった」という人がいるのなら、それはきっと自分で「できっこない」と潜在意識にブロックをかけているのです。

それでも「強く願ったことは、きっと現実になる」と思い続けてみてください。きっと結果を出してくれます。

どうでしょうか、なんとなく「自分にもできるかも……」と思えてきましたか？

そう思えたら、どんどんやりたい、なりたいことが引き寄せられてきます。

私はＳＰＣという経営者の団体に出会って、〝町の美容室の先生〟から多店舗を経営する「経営者」になることができました。

経営者になると、ある程度社長としてのお給料をもらえるので養母が末期ガンで治療する際には最高の治療を受けさせて3年という時間を過ごすことができました。でも、ＳＰＣに出会わないで〝町の美容室の先生〟であったら、生活するだけのお給料しか取れなかったと思います。そう考えると養母の治療に悔いを残したかもしれません。

これもきっかけはＳＰＣという団体ですが、その出会いによって私は強く「経営者になりたい」と願ったことで実現できたと思っています。

それには、自分を信じて、今の自分をもっと好きになるため、自分磨きの努力も必要なのです。そうすれば、あなたの「なりたい」と思ったところに引き上がると思います。

ですから、できない理由を数えるよりも「なりたい」「やりたい」と念じて、その理想の自分に向かってワクワクしながら自分を磨いていくのです。

もうひとつコツがあります。私も常に実践していることです。それは「言霊《ことだま》」です。言葉にして出すのであれば、前向きなポジティブな言葉を選びます。否定的な言葉は運気を下げるばかりですから、いっさい発することをやめましょう。いつでも、どんな人にも心のこもった言葉で話すことです。

一番大切な家族や社員には、よけいに気を使うようにしています。相手を思いやって言葉を投げれば、相手も気遣って言葉を返してくれます。そして、話す相手にはちゃんと向き合って話します。そこに思いやりや温かな感情がかようはずなのです。

そして、自分が変わるためには自分でできることは、自分でやろうという意識です。私はガンと向き合ったとき、「末期のガンだからもうダメだ」とは思いませんでした。「私にはやることが残っている。伝えること、やっておくことを自分でやらなければ」ということです。なにより大切なのは、「この世界にとって私が必要であれば生かされる」と信じきることでした。「治りたい」「生きなければ」という自分の意欲が免疫力を高めるのだと思います。抗ガン剤やサプリメントがその力を後押ししてくれて、エネルギーが正しい方向に回り始め肉体も変化します。

また、強く願ったこと、感じたことは即行動に移してみましょう。私は社員にも「まずは行動だよ」といつも言っています。

自分が動けば人はついてくるのです。「こうして欲しいのに……」と、人からやってもらうのを待っているのはダメです。自ら行動を起こすということは、それだけ人間的に伸びているという証拠です。

「私はこの人のために何ができるだろうか」「この人のためにやってあげたい」と考えると、相手もそう考えて、あなたのためにできることを考え始めます。そんな経験は誰でも持っていると思います。

私の会社は決して大きな企業ではありません。だからよけいに人材、人間性が鍵となります。経営の売上げは回っていけばそれで儲けものです。お金は、死んだら持っていけるわけではないし、後の経営が成り立てばそれでいいのです。そんなに裕福じゃなくてもいいと、そんなふうに考えています。

もしも今、病気や仕事、人間関係で迷いや苦しみを感じるのであれば、その状況を変えるために、自分が変わるしかありません。そのために「良い解決策」をイメージして感じたことを即行動に移すのです。

感じたことを即行動に移すことで、あなたは前向きになるでしょう。すると、問題は解決に向かって進み始めます。やらなければ、成功のチャンスを逃すだけです。

私はいつでも目標を持って生きてきました。みなさんには、ぜひとも目標を持っていただきたいと思っています。病気を抱えていても、高齢であっても生かされているということは、やるべきこと、できることがあるからだと思いませんか。

きっとその目標に向かって動き始めたとき、いろいろな協力者や情報が集まってくるはずです。目標を持てるかどうかで、人生は変わってくるのです。自分が変われば周りの人も、環境もきっと変わってきます。

「SPC」の理念でステージが変わった

私を経営者として育て、確立してくれた大きな要因のひとつにSPCという経営者の団体があります。

このSPCという団体は、1966年設立の美容経営者の団体です。組織の名前の由来は、「S」は太陽のSunny、「P」は情熱のPassion、「C」は仲間のつながりを表わすChain。この英語の頭文字をとってSPC、つまり「太陽と情熱の仲間」という意味になります。

SPC・JAPANの創業者たちは、もともとコンクール荒らしといわれたトップスタイリストの集団でした。彼らの技術は数々のコンテストの賞を獲得し、右に出るものがいないほど素晴らしいものでしたが、彼らは技術だけでは自分に満足できなかったのです。

そこで志を共にする仲間と「技術者集団から経営者集団へ」「経営者集団から生涯学習者集団へ」という大儀を持った団体を設立しました。ご興味のある方はぜひホームページをご覧ください。なにかヒントとなる言葉がみつかるかもしれません。

技術だけではなく「人としての魅力」「経営者としての魅力」を開花させるためのＳＰＣの活動は、私にはとても新鮮で魅力的であり、「こうなりたいと」という目標となりました。

ＳＰＣの理念はホームページでもご覧いただけますが、「太陽と情熱の仲間は、職業の利益追求以前に、人間形成と仲間作りに汗を流すことを使命とし、それをＳＰＣの生命の研鑽《けんさん》と言う」とされています。

SPC が発行する雑誌「PASSION TIMES」

私がＳＰＣの理念に心引かれたのは、理念のベースに私が培ってきた仏教的な教えを感じたからかもしれません。もちろん、ＳＰＣは宗教ではありませんが、そういった根本的な考えを持っていると感じています。やはり人間と人間を繋ぐ昔ながらの考え方だと思うのです。

ですから私は、ＳＰＣ・ＪＡＰＡＮと

いう経営者の団体にすんなりと入っていけました。もっと合理的な考えの人は多分、SPCに魅力を感じないでしょうし、入っても馴染めず去っていくかもしれません。「仲間」とはそれでいいのではないでしょうか。

SPCの理念の中に「勝ち負けではない」という項目があります。企業の経営は社員が頑張って売上げを上げているのですから、オーナー同士で勝ったとか、負けたとかを比べるのではなく、経営の良いところを出し合ってオープンに話し合いましょう、それが仲間だよということです。

「勝ち負けではない」という考え方は、私が「ガンと闘わない」と決めた根底にもあり、このような考え方に共感した面もあると思います。自分が「やっつけよう」と思って頑張ると、相手も「負けるもんか、もっと頑張ろう」と張り合います。それはある側面からみれば「相乗効果」で良いことかもしれませんが、それを自分の病気に置き換えたときはそうではないと感じたのです。

表紙を飾ったメンバーたちとともに（列の最後尾が著者）

私は常に、仕事も自分の置かれている状況も、同じ考え方でやっています。仕事も勝負はしない。病気とも勝負はしないと一貫しているのです。

私はＳＰＣという団体の考え方イコール、自社の方針だと思っています。そして、自分の人生もＳＰＣの理念と結びつけて考えています。ですから自然と、ガンの宣告を受けたときも「勝ち負けではない」という言葉とつながったのだと思います。

「闘うよりは受け入れる」という感覚も、ＳＰＣの仲間とのつながりの中から覚えたのかもしれません。

このように、私にとって大きな節目となったＳＰＣとの出逢いは平成六年でした。きっかけは、店舗を拡大してから経営の方法を模索していた私は、自分なりにアンテナを張りめぐらせていました。すると、ＳＰＣの主催する「経営者になるための勉強会」という情報が飛び込んできました。

当時、ＳＰＣの支部を静岡につくろうという動きがあり、静岡市内でセミナーが開かれたのです。私も「真の経営者になりたい」と思っていたので熱い思いで参加しました。

私はその当時、経営者といっても実質は美容室の先生。「今は美容室の先生だけど、そうじゃなくて経営の勉強をして真の経営者になりたい」と自分の中で目標を設定していました。ですからこの勉強会に参加した私は、ＳＰＣ静岡支部の立ち上げに参加の手を挙げたのです。

その日のうちに静岡支部を立ち上げるために必要な5人の個人経営者が集まり、静岡支部ができました。ＳＰＣが全国展開をはじめたときに参加できたというタイミングがあったことも今の会社組織をつくる上で幸運でした。

立ち上げに参加すると、全国メンバーの横のつながり、縦のつながりが私たちのサポートに入りました。経営のノウハウの勉強会があり、名古屋で立ち上げたグループ、東京の指導者などが静岡に来てくれたり、私たちが東京に行ったりして勉強会を重ねました。

経営者としての人格、品格はもちろん、社員としての人の使い方や、その社員のために多店舗化が必要であることなど、さまざまなことを学びました。

社員を育てて店長になりたい社員がいれば、その人をトップとしてその店舗を任せる、そうやって多店舗化を進めるのです。私の性格からして、人に任せるほど性に合わないことはありませんでした。それは、自分がやったほうが早いからですが、それをジッと我慢して自分の意志を継ぐ人を育てる努力をしました。

経営者としての意識改革は、お金の面でも想像を超えていました。経営者となるためにお金に対するイメージを学ぶことで、お金の持つエネルギーを改めて考えさせられました。みなさんもお金に対してさまざまなイメージを持っていると思います。

「お金で心を売ってしまう」「お金は人を変える」「金の切れ目が縁の切れ目」……天使と悪魔ですね。

では、お金の〝天使〟の部分にフォーカスしてみてください。「お金は自分の夢を実現させてくれるもの」「生活に必要なもの」「自分や愛する人の命を救う尊いもの」、経営者にとっては「多くの人にサービスを提供でき、社員を豊にする素晴らしいもの」というようなポジティブなイメージに変えることができます。

私は「百万円の給料を取らなければ経営者とはいえない」と先輩から言われたときは、「できっこない」という思いが真っ先に浮かびました。美容の世界で、月給百万円なんて取れないとずっと思っていたのです。

しかし、実際、私の周りにも取っている人がいて、さらに全国にもたくさんいるのです。

「できっこない」という壁を壊すチャンスです。

その人たちの経営を真似して、ガムシャラに勉強をして月給百万円の目標達成のスタートを切りました。お金のことを言うのをはばかる人がいますが、それでは経営もできなければ、社員と社員の家族を守ることなどできません。私は私のため、家族のため、社員のために多角的に経営をしてみんなをハッピーにしたかったのです。そして、今では社員のおかげで目標は達成され、百万円の月給を取れる経営者になることができました。

美容室を一軒持っているのは経営者ではなく、それは美容室の先生。そういうところから意識を変え、経営者となるための勉強をしてきたのです。

私たちは働くことの対価としてお金を得ています。どんな職業でもその仕事をしてくれる人がいなかったら社会のサイクルは止まってしまいます。企業の従業員として、自営業として、技術者として、パートや契約社員として……。それぞれの立場でお金という対価を得ることはとても尊いことなのです。

お金はあなたの「尊い働き」に対する対価です。尊いお金だからこそ、あなたを豊にするエネルギーとしてお金を捉えて、努力に見合うお金の流れをつくるように知恵を働かせ、行動してください。そうすることでエネルギーとなったお金は私たちに喜びや楽しみ、元気、安心をもたらしてくれます。これこそが本来のお金の姿なのだと思っています。

私がＳＰＣの理念を実践してきて、とても感謝したことは、養母のガン治療でもありました。知人からその頃話題となっていた健康食品を大量に摂取すると、ガンに効果があると言われたのですが、その健康食品は高額で大量摂取するにはひと月に40万円弱のお金がかかりました。養母のガンは既に末期で手術もできない、抗ガン剤もできない。数か月の命が弱っていくのをただ見守るしかないと諦めているときでしたから、ダメもとで飲んでもらったところ、なんとそれから3年の余命をいただくことができました。その間も養母は寝たきりにならずに動くこともできましたし、調子のいいときは食べたいものを食べ、充実した3年間を過ごすことができたのです。

高額なサプリメントの摂取を3年続けたのですから、マンションのひとつも買えたほどお金はかかりましたが、養母にできる限りのことをしてあげられたので悔いはありませんでした。ですから、養母が亡くなったとき、養母の兄弟姉妹が「澄ちゃん、なさぬ仲なのによくやってくれたね」と感謝してくれましたが、私の心の中では「私がグレることもなく、今日まで育ててくれた恩返しをさせてもらった」という気持ちでいっぱいでした。養母の終末に際して、充分なお金を使えるまでに会社を育てるノウハウを勉強できたＳＰＣという団体と巡り会えたことが大きかったと思って感謝しています。

ひとつおもしろいお話しをしましょう。

ＳＰＣの先輩から教えていただいた「新幹線理論」という理論があります。普通の電車はエンジンが前にしかついていませんが、新幹線は車両ごとにエンジンがついています。だから早い、スピードが出る。そこで多店舗展開をするためには、エンジンとなる人を育て、一人ひとりに車両（店）を任せればいいと。すると、オーナーが牽引しなくても店舗にはエンジンを積んだ店長が走ってくれる。これはイメージがしやすい喩えで面白いなと思いました。

このように、ベテラン経営者たちが繁盛店を構築するノウハウをすべてオープンに話してくれますから、経営の勉強をする、経営者になるならＳＰＣは一番良いと私は思っています。美容に限らず視野が広まり勉強になることは多いのです。

現在、参加しているオーナーさんは、海外は台湾、韓国など、もちろん日本全国47都道府県ですから、オーナーの数は何千人規模です。

ここまで成長させたのがコンサルタントや経営学のスペシャリストではなく、技術のスペシャリスト集団だったことが素晴らしいと思っています。経営のノウハウもすべてを机上のコンサルタントやプランナーではなく、技術者が脈々と受け継いでいく。中には何十店舗も経営している現場からのたたき上げの後継者もいます。私たちは常に繁盛店のノウハウをお互いに出し合ってフォローし合っているのです。

一般的に、企業は机上の理屈と数字を分析するコンサルタントに頼りますが、ＳＰＣにはそれがありません。企業は良いことは隠すことが多いのですが、それもありません。

儲かっている良い方法があればそれを発表し、そのノウハウを惜しげもなく伝えます。「自分の店舗はこういうことを試みたところこれだけの反響と売上げがあった。だからみなさんも参考にしてください」と会合で発表してくれます。

繁盛している店舗に見学に行くことはよくあります。そこで細かく教えてくれますし、説明もしてくれます。

お節介のオーナーさんが多くて、「あなたのところ、売上げが下がっているから私の店を見に来てみませんか」と声をかけてくれます。見学に行くと、「ここをこのように改善したんです」「以前との対比はこんな感じです」など、考えられないほどオープンです。

売上げが上がらない、暇だというのは悩ましい問題ですが、これはオーナーの責任です。視点を変えて、長期を見据えた計画で、力を入れるところを決めて頑張らないといけないのです。経営不振は社員が悪いんじゃない。商売の仕組みはオーナーが考えるもので、社員はそれをもとに働くのですから、お店の売上げが上がらないのはオーナーの責任であって社員の責任ではないと教えます。

彼らには実践から編み出した経営ノウハウがたくさんあります。本当に山ほどあります。会員はそれを自分のお店に当てはめていくだけの能力を身につけなければ「宝の持ち腐れ」でいつまで経っても大変な状況から抜けられません。まずは経営者が勉強することです。

経営者は孤独な部分がありますが、このような人たちの話を聞けるのはありがたいことですし、みんな仲がとてもいいのです。

経営者が集まって本音で話すのは週に一回の会議です。トップ同士、忌憚《きたん》なく話せる場があるということはとても良いことです。

自分のアイデアが成功した人は、そのノウハウを独り占めするのではありません。その人は、伝えたくて、伝えたくてしようがないのです。そんな経営者ばかりだから、うまくいっているのだと思います。大きな団体ですから、ちょっとズルい人が入ってきて、甘い蜜を吸って、私欲を肥やそうしてもおかしくないのに、そんな人がいない。それが、理念が共有されて50年以上も続いている秘訣でしょう。

また、互助精神にも感心させられます。通常、何か協力してもらえばお金が発生しますが、私たちは手弁当で協力するのです。たとえば、誰かが「困っている」と聞くと、自分で電車賃を出して行って教えてあげたり、相談に乗ってあげたりします。それは、困っている人のところに行って相談に乗ってあげることは自分のためになる、という考えがそこにはあるからです。つまり、経営者として問題点を発掘することは、自分の勉強になるということです。そして、その問題に対して解決策を考えることは、さらに自分の能力を高めることになるからです。

困っている人からお金を取ってしまうと、そのシステムは続かないものです。お金のやりとりが入ってしまうと「やってやった」という感情や「お金を出したのに……」という感情が残ってしまいます。

この考えは、お店の中でも通用することです。たとえば「私はあなたに技術を教えてあげたんでしょ、なのにあなたは辞めていくの?」という言い方になってしまいますが、辞めていく人は「これは自分で覚えたんだ」と主張するでしょう。それをやってあげたと思うと腹が立ちます。そうではなくて、自分が奉仕をしてあげる。その「奉仕の心」を、私は仏教的な教えとして学びました。「辞めていく人は自分とかかわったことで、それだけの技術を身につけられた」そう思えばありがたいことです。無償の愛とまでは言いませんが、見返りを求めない。見返りを求めるから腹が立つ。それはSPCも同じ考え方をしています。SPCで習ったことが自然に身についてお店の中でも実行していく。すると、その理念が従業員、お店の中でも広がっていくのです。

創立者がよく言うのは、「偉大な人をつくらず、偉大な人になる」という言葉です。偉大な人を作ってしまうと、その人に権力が集中して圧力になりますが、SPCは偉大な人をつくらないという理念を徹底しているのだと思います。創立者が威張らないから私たちもそれに着いていくのです。

団体の創立者というと、自分の私腹を肥やそうとか、自分の血縁で組織を固めようとしがちです。そして、だんだん組織全体がおかしくなっていきますが、それがありません。

私もＳＰＣに入って考え方が変わりました。ＳＰＣの考え方に出会えたからこそガンにも向き合えたと思いますし、出会っていなかったら私の楽天的な性格だけでは乗り越えられなかったかもしれません。性格プラス、自分なりに培ってきた哲学のおかげだと思っています。

後ほど詳しくお話しさせていただく「ガン患者のための個室美容室」を、私はこの夏にオープンさせていただきました。それもガンになった私の使命だと思えたのは、ＳＰＣの考えや哲学に触れたことも大きかったですし、多店舗展開をサポートしていただいて、金銭的にもゆとりが持てたことでそういった発想ができたのだと思います。

これが一店舗の美容室を経営したままであれば、毎日お店の売上げや生活のことを考えていたことでしょうから、同じ病気の人をサポートしようという考えはできなかったと思

SPC 静岡本部長を終え、 スタッフ一同からのプレゼント

います。たとえ「やってみたい」と思っても障害が多すぎます。

そういうことを考えてみると、自分の人生はＳＰＣの理念や哲学に出会ってとてもハッピーになったと感じています。

実は、私の娘はＳＰＣの会員です。その経緯は、私が静岡の本部長をやっているとき「入会したい」と娘が突然言い出したのですが、このとき私は反対しました。

なぜかというと、第一に、私がやりにくい。私が本部長をやっているときに娘が入会したら、私が周りに気を使ったり、周りに気を使わせることになります。それは避けなければならないと思ったのです。そこで「私が本部長を辞めたら入りなさい」と言ったのですが、娘はそれが待てなくて自分の働いたお金で入会金を貯めて「入会させてください」と持ってきたのです。

これには反対するわけにもいかないので、名古屋の会員にさせました。入会にあたっては、「会社の経営に関することですから会費は会社で払います。だけど名古屋までの交通費は自費で通いなさい。1回でも休んだら、即、辞めてもらいます」という条件を出しました。

娘も私に似て気が強いですから、一度も休むことなく毎週名古屋に通いました。当時、名古屋には男性の本部長がいて、彼が立派に教育して育ててくれました。おかげさまで、すごく良い経営者になって静岡に戻ってきて、今では私と同じテーブルについても違和感もなく経営を任すことができるまでになっています。

娘の純子がSPCスピリットを
引き継いでくれる！

私を見ていて娘もSPCに魅力を感じてくれたことは、とても嬉しかったです。今は明日にでも世代交代ができるまでに共通の理念、経営方針を受け継いで育ってくれました。同じ理念、同じ方向を歩む娘に成長しましたので、私はいつこのポジションを降りてもいいし、思い切ってボランティア活動にシフトしていけたのです。

何度もお話ししているように、私は宗教家ではありませんが、仏教の教えは個人的な心の支柱であって、心の拠り所だと思っています。そして、経営には精神性（スピリチュアル）な理念、哲学が必要だと思っています。SPCに入って成功している人とお会いすると、ますますそれを強く感じます。ですから、数字やビジネスシステム、利益率を求める経営者は、SPCの創業者の話を聞いてもあまりピンとこないかもしれませんが、スピリチュアリティを生きる私たちには心に響くのです。

それでは最後に、私が「障がい者のための送迎リフト車導入」「ガン患者のための個室美容室」など生産性のない、半ばボランティアの事業に使命を感じた「種」がこの団体にあることをお話ししておきましょう。

SPCでは、EM菌という「菌」を活用して「地球に優しい美容室」を目指した活動をしています。EMとは、乳酸菌、酵母、光合成細菌を主体とした微生物群で、河川や海を浄化する作用のある環境にやさしい菌です。

私たちの美容室、美容サロンでは積極的にＥＭをベースにした シャンプーやトリートメントを使用して地球にやさしい美容室を目指しています。

また、ＥＭ菌は腐敗を抑え、川を浄化する効果もあります。その特性を利用して東日本大震災の際にはボランティアとして現地に入りＥＭ菌を散布してきました。

また「教育が何より大切である」という考えから、ユネスコ活動のひとつ、ネパール、ルンビニプロジェクトに参加して、貧困で喘《あえ》いでいる家の子どもたちに教育が受けられる「寺子屋」を提供しています。

子どもだけではありません。女性の地位が低い地域に出向いて、女性も読み書きができるよう学びの場を提供し、さらに発展途上の国々で職業訓練や収入向上プロジェクトである井戸が建設されています。

日本においても赤十字の献血車を寄付したり、「１万人献血運動」という活動もやっています。私たち経営者がひとつとなってその活動に参加できていることも、経営者として社会に貢献できている実感があります。

そういう感覚の人がここに集まってきて、それがまた広がっていく。だから金儲けの経

SPC の東海大会では常に受賞者を出している

営者の集まりの団体ではないということが私たちのプライドになっています。

美容師、ネイリスト、エステシャンという手を使う技術者、その手を通して、触れる感触、感覚を大事にする人たちの集まり、その集まりが理念も基づくさまざまな活動を通して社会に発信していく、美しい団体だと思っています。

ガン患者のための個室美容室

さて、このようにたくさんの経営者、団体の力をお借りして私の目指す、「生かされている意味」を考える活動は動き始めています。

まず、すでに導入し、軌道に乗っている事業モデルがあります。「障がい者のための送迎リフト車」です。

バブルが弾けて大変な時期に始まったこの事業は、比較的順調にいきました。障がい者のためのリフト車導入にあたっては、社員からの声がきっかけでした。

ある店長の報告で、障がい者の娘さんをお母さんが車いすで連れてきていたのですが、長らくいらっしゃらない時期があったので「どうしたのか」と思っていたら、体調不良ではなく、お母さんの事情で連れてこられなかったということです。そこで店長から「会社でなにかできないか」という提案がありました。

そこで「なんとかしたいね」ということになり、さらに幹部会議で議題を煮詰めて、それを「やりましょう」という結論まで持っていくことができました。

まだその頃は、静岡県に車いすを送迎できる車がありませんでした。リフトを付けないといけないし、いろいろな規制があったのです。そこで、障がい者のためのリフト車が東京ならあると聞き、東京まで見に行ったのです。

東京でリフト車を契約して、静岡のこちらまで持ってきてこの事業はスタートしました。私たち美容師が障がいを持った方の家庭や施設、ホームに行ってカットやカラー、メイクをするのは簡単なことです。でも、私たちの考えは、そういう人たち、家から出られない人たちを外へ連れ出して、外の空気や美容室の雰囲気を味わっていただき、美容師と触れ合って、楽しい時間を過ごして、また家に送るということをやりたかったのです。だから、あえて送迎車を買って運転手さんを募集しました。

この運転手さんの募集にあたってもみんなで話し合いました。「運転手さんの給料は社員みんなで出し合ってくれないと困るけど、どうするの?」

すると、社員全員が「出します」と言ってくれたのです。これでこの事業は私たちの総意となりました。「運転手さんのお給料はみんなで稼ぐ」と社員たちが言ってくれたことは経営者として本当に誇らしい限りです。

今では多くの出張美容ビジネスモデルができていますが、その多くは障がい者や高齢者のご自宅へ行ったり、施設へ行ってカットやメイクをするというものです。私たちはそうではなく、美容室へと連れてきてきれいになって帰っていただくのです。施設であっても、ちゃんと事務局を通せば入居者を外に連れ出すことができます。

私たちは「送迎ができる美容室です」と各施設を回って勧誘し、提案して回りました。もちろん、美容師が施設に出向いてカットを施してもいいのですが、「障がいがある人にも外の空気を吸っていただき、外を見る楽しみや気分転換をしていただきたい」ということを提案して賛同をいただきました。

もちろん、施設内でカットをする人もいますが、施設から送迎車に乗って美容室へ来る人は、やはり女性の方です。

誰に会うわけでもないけれど、美容室に行ってその時間を楽しみたい。美容室でカラーをして、パーマもかけて、女性らしいカットをしたいということを望んでいる障がいを持たれたお客様が弊社を利用してくれています。

ですから、お客様のニーズは個人宅だけではなく施設の人も増えてきています。美容室に来て、担当者と交わす会話も楽しいものです。

「娘がね、お母さんは家で寝てるだけなんだから、行かなくてもいいじゃないって言うのよ。でもね、私は美容室に行ってみたいの。うれしいわ」という高齢のご婦人や、それまでは旦那様が送迎をしてくださっていたのに、旦那様が亡くなってしまい、出られなくなってしまったご婦人もいらっしゃいました。事情がわかれば「じゃ、私たちが旦那様の変わりにお送りできますよ」とお声をかけさせていただきます。

ですから、今までにない形態の「送迎ができる美容室」ということで重宝していただいています。本当にみなさんステキな笑顔になって帰られます。送迎用のリフト車も、もう2台目で地域にかなり浸透してきていることを実感しています。

ありがたいことに、障がい者や高齢者の美容相談があったときには、市のほうから積極的に「すみ（企画）さんがありますよ」と紹介してくださいます。

もちろん、ご高齢の方が多い事業ですから、年々、亡くなっていくお客様もいらっしゃいますが、私たちが定期的に美容をサポートできたことは、その方のＱＯＬ（クオリティ・オブ・ライフ「生活の質」）を高めるために役に立てたと自負しています。もちろん、認知が進むにつれて新しいお客様も増えてきています。

１日の許容範囲は、３人までです。３人以上の予約はとりません。なぜなら、作業が煩雑になるからです。丁寧にお迎えに行って施術をして、送り届けることを考えたら３人でいっぱいです。運転手さんも無理はさせられないですし、次のお迎えを考えて慌ててしまっては事故のもとですから。

送迎車の運転手さんも六十過ぎの定年を過ぎた方にお願いしているので、ハローワークでも喜ばれています。派遣会社をとおさず会社との直接雇用ですからお給料としてお渡しできます。ですから普通の従業員と一緒です。運転手さんからは「美容室だから若い子と会話ができる」とか、「きれいな職場で働けて嬉しい」と喜ばれ、チームワークはバッチリです。

次に私が取り組んだのは「ガン患者のための個室美容室」です。末期ガンになって生かされている私に残された「使命」だと思って立ち上げた事業です。

オープンは２０１６年の７月。まだスタートしたばかりです。「ガン患者のための個室美容室」はオープンしたからといってパッと広まっていくものではないことは、当初から想定していました。美容室の常連のお客様も障がい者のための車いす送迎車のことを知っていますから「今度はガン患者さん?」なんて聞きますが、需要はおそらく少ないでしょう。

確かに話題性はありますが、私がこの「ガン患者のための個室美容室」をやろうと思ったのは、私もそうでしたが、病気で髪が抜けたり、気持ちが暗くなったときに患者さんだけが行ける美容室があって、相談ができる場所があるということが患者さんたちの支えや気持ちを変える場所になれれば良いと思ったからです。

ですから、美容室に来るお客様も「私がガンになったら頼むわね」とガンを特別視しないで受け止めてくださっている人もいます。今は口コミで広がっていけばいいと思っています。もしもご自身や身近な人がガンになったとき、「誰にも顔を見られずにできる美容室があります」「入店してから退店するまで他の人に会わずにカット、カラー、セット、ウイッグなどの美容相談ができます」そんなお店がここにあるということを広めておけばいいと思っています。

地元の新聞でも取り上げてくれたので「もしも」の時に記憶の片隅にあればお役に立て

るかもしれません。これは地道な仕事ですし、普通のお店のようにオープンしましたが、積極的に来てくださいというお店でもない。繁盛しても困る美容室です。

私が懸念するのは、ガンと診断されたことでショックを受けたり、驚いたりして引き籠もったり、不治の病だと絶望してしまう人が多いことです。確かに、治療は苦痛だし、落ち込むこともあります。でも、今の医学なら治療をしながら仕事を続けることもできるのです。私も体調をみながら会社には出ていました。諦めてしまうことは、実にもったいないのです。

では、ガンによるストレスを少しでも減らして生活のＱＯＬを高めることを実現するために求められることはどんなことでしょうか。

経験者である私にできることは、ガンに関する正しい知識、たとえば、ガンは死の宣告ではないこと、ガンは不治の病ではなく治癒できることなど、マイナスイメージを変えていくことです。ガンの経験を共に話せる美容師と、副作用にも対応できる医療用ウイッグが揃った美容室。薄くなった髪もウイッグで整えて、美しくメイクができれば外出も楽しくなるでしょう。

ガン患者さんに限らず一番の特効薬は前向きになる、楽しめることで免疫力を上げることです。どんな病であっても普通の日常が過ごせる幸せ。美容室にも出かけられてお洒落が楽しめることは、身体にとってもいいことです。そのときのために、こんな美容室が役立てれば私の使命は達成できると思っています。

「ガン患者のための個室美容室」の構想を立ててから、私なりにアンテナを広げ、ビジネスモデルとなる事例を探し、京都に既に存在しているこのシステムを見学に行ってみました。そして、「これは私がやるべき事業だ」と確信してのスタートでした。

私の行動はいつもハッピーですから、周りに集まる人もハッピーにしていきます。そして、惜しみなく人に尽くします。そこで大切なことは「人に尽くすことが喜びで楽しいこと」と心から思えるということです。

この美容室も水面下では確実に反響をいただいています。患者さんを対象としている性質上、表だって宣伝広告をしてお客様がバンバン来るような美容室ではありません。それでも一部の人とたちの間では話題になっています。

きっとこの活動は利益以上の何かをもたらすと楽しみにしています。利益が上がる事業はバトンを引き継いだ娘が頑張ればいいのです。

これからの私は、40年以上も美容室をやらせてもらっている、この富士宮市のみなさんに還元するという分野を切り開いていきたいと思って、地道にやっていきます。

思い起こせば、起業して43年。ここに至るまでは大変でしたが、私を理解して着いてきてくれた店長や幹部の社員との日々は楽しい道のりでした。

もちろん、私の楽天的な性格が功を奏したことも大きいと思います。どのくらい楽天的かというと、私は自分の人生を不運だと思ったことがありません。同じ職業を選んでくれた娘は私の後ろ姿を見続けてきて、

「お母さんは好きなことをやりたい放題にやって来たからストレスがない」と言います。

なるほど、おっしゃるとおりです。

会社でもストレスの話しになったとき、みんなが「ストレスがたまったって……」と言うのですが、「ストレスってどういうことかしら？」と言って驚かれました。みんながストレス、ストレスと言うけど「なにがストレスなんだろう」と思うのです。私はいまだにストレスって実感が湧きません。

もちろん、お腹が痛いとか身体の不調や抗ガン剤の副作用で受けるストレスは経験上わかるのですが、そうではないストレスとなるとよくわからないのです。ストレスというのは、その人の考え方、気持ちの持ち方だと思うのです。

今の人は簡単に「ストレスで……」と言いますが、「なにがストレスかしら？」と私は思ってしまうのです。

するとやはり娘から、「あなたは言いたいことを言って、やりたいことをやっているからストレスがたまるわけないじゃん」と言われてしまいます。

「ああそうか、言いたいことを言い、やりたことをやてきた。だからストレスがわからないのか」と思ったのです。

確かに、私はやりたいことが思いつくと、とにかくやってしまうのです。行きたいと思えば行ってしまう。決して我慢をしない。

「そういえば、なにが我慢なんだろう」と思います。

こんなことを言うと、ちょっと普通とは桁外《けたはず》れな人生を生きているのかもしれません。

そして今、私はガンになってなお、家族や従業員に支えられて幸せな日々を送っていることに感謝です。

第 5 章
いつでも
プラス思考で生きる

評価に振り回されない

この最終章では、みなさんに前向きに生きるヒントになればと思い、ポジティブに明るく生きることについてお話ししていこうと思います。

私の美容室にも毎年新人が入ってきます。ベテランになるまでは迷ったり、心が折れそうになったり、理不尽さを感じたり、自分の才能を過小評価して傷ついたり……。

そんなときでも大切な一生の中で美容師を選んだのですから、「なりたい」じゃなくて「なる」という前提で目標を明確にして幸せな人生を過ごしてほしいのです。

もし、あなたが仕事で「辛い……」と思っているのであれば、大きな節目を迎えているのかもしれません。そこを逃げずに踏ん張ってその状況を超えてみてください。逃げてしまってはダメです。逃げたこと、途中で投げ出したことは心に刻まれてしまいます。しかも、そこまで積み上げてきたものを放り出してしまうことになります。

なかには、すでにお話しした「ジャカルタで自分の腕を試したい」という青年のように発展的に計画を立て、キャリアを持って次へのステップに行く場合もあるでしょう。それは自分の可能性を広げるチャンスですから「頑張れ」とエールを送ります。

ですから、今は辛くて「こんなこと、もうイヤだ」と思っても、「これは現実なんだ。よし、乗り越えるぞ」という覚悟を持つのです。

そうすると、気持ちが楽になって迷いがなくなるから、流れは新たに動き出します。停滞していた流れが動き始めると周りも変わりはじめ、「あきらめないでよかった」と思えるのです。もし思えなかったら、そのときは私にご相談ください。

とにかく、だまされたと思って続けてみてください。我慢して続けていると「やりたいこと」は「得意なこと」に変わってきます。こうなったらしめたものです。大切なのはとにかく途中で投げ出さないことです。

私の経験では「ダメな子」と思っていた人ほど、「ダメじゃない子」です。「ダメだ」と言われても人からの評価は気にしないことです。

人の評価や人から「どう見られているか」を気にしながら生きている人がいますが、それって変ですよね。私はよく社員に「10人いて、ひとりでもあなたのことを理解してくれるなら、それでＯＫにしなければダメだよ」と言います。

ひとりでもあなたを理解してくれる人がいることはありがたいことです。みんなから支持されることなどないのですから。

だけど、あなたは「みんなに自分のことをわかってもらいたい」と思うから疲れも出るし、いろいろ悩んだりする。でも、ひとりでも理解してくれるなら「あの人がわかってくれるから私はいいんだ、と思えたら楽だよ」と話します。

人は悩んで立ち止まったとき、自分の進むべき道や方向性を友人や先輩に相談することがあると思います。でも、それはあくまでも人の意見であって、それにしたがったからといってだれも責任を取ってはくれません。

意見というのは、その人、その人の価値観や生き方からのアドバイスであり、結果的にはあなたが選択することになります。

アドバイスを受けることは大切なことですが、人の意見に乗らない、流されないでアドバイスを参考に自分の決断をすることです。まず、心を落ち着けて、自分と会話をしてみることです。きっと自分にとって一番良い答えが出ます。

人生の節目にはどんなに苦しくても踏ん張らないといけない時があります。そして、腹をくったら頑張るのです。「今は目標に向かって進む」とはっきり決意する。そのときこそ、目標達成のための「辞めない理由、辞める理由」と向き合って方向性を決めてください。

私は昔から、みんなに「良い子」って言われなくてもいいと思っているから、言いたいこと言います。でも今、周りを見渡してみて「敵はいるかな」と考えたとき、いないのです。まあ、楽天的な私が感じていないだけかもしれませんが……。

それでも、私が困ったときは、みんな力を貸してくれますからありがたいです。周りの人からは「同じことを言われても、稲葉さんが言うと腹が立たないんだよね」「言葉の中に隠れているものがあるという言い方ではなくて、そのままをぶつけてくれる」「悪意がない言葉を言ってくれている」「ちゃんと自分と向き合ってストレートなボールを投げてくれている感じがする」と言ってくれます。

うまい言い方をしても「この人はなにを考えている

いつでも社員のお母さん役

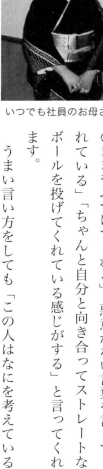

のかな」と思う人がいますが、私は性格上、それはできないので伝わるのだと思います。

最後に、幸せに「形」はあるでしょうか。お金があってももっと欲しい、欲しいものが手には入ったらすぐに飽きて次のものが欲しくなる。よくあることです。つまり、形のある「欲」は幸せとはイコールではないということではないでしょうか。

私は楽天家ですから、幸せとは「気持ち、気分」だと思っています。ですから末期ガンになっても幸せでした。それは、夫も子どもたちも、社員も私以上に私を思って明るい雰囲気をつくってくれたからです。身体のしんどさはあっても周りが温かい。こんなに幸せなことはありません。

想い描いたことは必ず実現できる

「経営者になろう」と決めても、なかなかなれるものではないと思うかもしれません。でも、なれますよ、その気があれば。本当です。

私は「どうして経営者になれたんですか」と聞かれれば、「なると決めたから」と答えています。「思い描いたものは現実になる」というのは、勝手な私の思い込みかもしれません。でも、なりたいと思っても多くの場合は「なりたい」で終わってしまう。それは「なれる」まで頑張らないからです。

私は社員にも「成功しない人は、成功するまで続けないから。途中でやめてしまうから終わってしまうからだよ」と話します。「石の上にも3年」と言いますが、就職をして3年経って「やっぱりダメだ、３年我慢したんだ」と辞めてしまう人がいます。それでは中途半端なキャリアです。

それは個人の場合だけではありません。たとえば、美容室で再来比率を80パーセントにしましょうと決めたとします。ところが今月は70パーセントの達成率で80パーセントに届かなかったとします。すると、取り戻そうとして次の手を考え、キャンペーンなどをやってしまう。それはダメなのです。店長には80パーセントにいくまで1年でも2年でもやり通せと言います。

そうすれば、安易なキャンペーンに頼らずに力を注ぐことができます。力を注いで80パーセントを達成すると、そのシェアを継続維持していくのは楽なのです。だから、中途半端で仕事を辞めてしまっては中途半端なキャリアしか残りません。

結果が出るまで納得がいくまでやってみることです。私も口に出して言っている以上は自分もやらなければならないと思っています。社員全員が見ていますから努力をします。「口に出したことが叶う」と言うのは、結局は自分への宣言でありエールなのです。

私の場合、自分が口に出して、「私は経営者になります」と宣言しましたから、周りの人は経営者になるまで見ているのです。

経営者になると言ったんだから、なるしかないのです。ところが、「頑張ったんだけど」と言って途中であきらめてしまう。それは頑張りが足りない。私はそういう考えです。

店長が、「社長、なかなか80パーセントはいきませんよ」と言ってきたら、「やり方が間違っているか、やり方が足りないからじゃないの？」と言います。そこを安易にキャンペーンで数字を出すのではなく、キャンペーンなどの一時的なカンフル剤に頼らないで80という数字をまずは目指すことです。

ひとつの目標を決めたら、そこに辿り着くまでに、いろんな行き方があるじゃないですか。曲がりながらいく子もいれば、真っ直ぐにいく子もいる。途中で休んでしまう子もいる。でも、最終的に目標と決めた場所に辿り着けばいいのです。それがカメさんだろうがウサギさんだろうがかまわない。

ところがウサギさんじゃないけど途中で寝てしまって、引き返してしまったらダメなわけです。それではどこに行っても、なにをやっても、その癖が治らないかぎりいつまで経っても到達はできません。この話は社員にも話しますし、自分もそれを実行します。

人は、自分がやると決めたことはやれるのです。

人はできないものに「なりたい」と思わない。マラソンをやりたいと思う人は、あの距離を走れる人だからです。走れない人はそれに魅力を感じないでしょう。洋服のデザイナーになりたいと思う人は、その人の中にそういったセンスが眠っているからです。美容家になりたいと目指したのは、その人の中に美容家になる能力があるからです。人はできないものに魅力は感じません。

そしてそれを目指したのならば、なれるまでやるのです。「なれる」んじゃなくて「なるんだ」と覚悟をする。3年がダメなら5年、なれるまであなたの時間をつぎ込めばいいのです。そこまでで区切りを付ける理由がない。あなたには3年では足りないのかもしれません。

3年で足りなかったら、じゃ、どこが足りなかったのか、3年を見直して、方向を修正してあと2年頑張る。私の会社は社員にも厳しいですよ。

だから、うちの教育で育った社員は評判がよくて転職しても「すみさんで教育されている子だから」と、ほかのお店ではすぐに雇ってくれるそうです。美容にとどまらず、他業種もそうです。

こんなことがありました。

私の会社にいて2年で辞めて、この地域では大手の宝石会社に再就職した女性がいました。就職の面接官が履歴書を見て「すみさんで働いていたなら」と言って雇ってくれたそ

うです。彼女が宝石の営業で実績をあげて何年か経ってから私に、
「展示会があるから私の姿を見てください」と連絡をしてきました。
行ってみると、その会社のオーナーが挨拶に来てくれたのです。そして、

大切な家族に囲まれて―左から息子夫婦（宏紀・久美子）右側、娘夫婦（一弘・秀眞・純子）―沖縄旅行

「すみさんの教育は素晴らしいですよ。うちが教育なんかしなくても彼女はここまで来たんですよ。本当にすみさんの教育はどうやっているんですか、素晴らしいですね」

と言ってくださったのです。

常日頃から私は「うちの子はすごいな」と思っていますし、「どこへ出しても恥ずかしくない」と思っていましたが、転職先のオーナーに評価いただいたことは私たちのやり方が間違っていなかったと、改めて嬉しかったです。

なんと言ってもありがたいのは幹部と店長で

す。彼らは、私が見習いのときから育てて店長になった人材ですから、私の主義や流儀といった「イズム」が叩き込まれています。考え方が一から私と同じですから安心して店舗を任せられます。私はうちの子が最高の社員と思っています。

私は末期ガンという病を経験して今がありますが、この「生かされている命」の意味を考えて、この先も時がくるまで、自分のお役目を果たしていきたいと思っています。

やがて、私が寝込んだときに社員が母親を思うようにやって来て、隣の部屋がおむつで一杯になる、おむつが積み上がっていくそんな光景が私の夢です。

だからいつも社員に「私が寝込んだら、紙おむつを持ってきて。お見舞いは紙おむつでいいよ」って言うのです。そういう幸せな空気が流れる風景を想像しています。

いまでは、持っていくだけではなく、「おむつを替えてあげる」と言ってくれるスタッフも現れました。

あとがき

ここまで読んでいただきありがとうございます。きっと私は自分が死ぬときに最高に幸せな顔で人生を終わるのだと確信しています。

あなたも人生を終わるとき「私の人生は幸せだったな」と思えるようになっていたいと思いませんか。

私は血液の遺伝子検査をしたときに99パーセントの確立でガンになると言われ、そのとおり末期の大腸ガンになりました。肝臓にも転移があり、余命と向き合う日々を過ごしたのです。

生かされているということは、やるべき使命がある、使命が終われば命も終わる、それまでは進もうと心に決めたのです。

とは言うものの、今死んだらなにが「悔い」になるかと考えると、おかげさまで子どもたちはみな立派な社会人として自立し、責任のある立場に就いて仕事をこなしているようです。私の後継者となる娘も同じ経営理念で会社を引き継ぎつつあります。嬉しいことに孫の顔も見られましたし、あとはなにかな……。やはり、あとは夫と頑固な父親が愛知にいるので夫と父親を看取ることでしょうか。

本書でもお話ししたように、私は私なりに精一杯生きてきました。幼少期と思春期、その渦の中にいるときは辛く、苦しく、人をうらやんだりもしましたが、それがあるから今がある、それをバネにして生きてこられたことが最高だと思っています。

それは誰かに言い聞かされたわけでも、自分で言い聞かせてきたのでもなく、素直にそう思って感謝しています。小さいときの苦労が今になってこんなに大きな花を咲かせてくれたのです。今の幸せな私をつくるためだったと思えば、苦労も幸せの裏表だとわかります。みなさんも過去が辛くても、その反対側には同じくらいの幸せが隠れていることを信じて、覚悟を決めて自分の夢に向かって歩んでください。

よくあるじゃないですか「幼少時代がすごく不幸だったから、こういう事件を起こすんだ」と。私はそういう報道を見るととても腹が立つのです。事件は自分がコントロールすることで、育った環境ではありません。それは他人が推測で話すことでもないと思います。たとえ不遇といわれる境遇に生まれたとしても、その子のせいではないのです。それを認めるしかないし、そこが自分に与えられた場所です。そこからどうやって自分を生かしていくかは「人のせいにしない」という覚悟で生きていくことです。

私の場合、親が違うことで中には不幸だと思っている人がいるかもしれませんが、自分では不幸でもなんでもない。そんなことはひとかけらも思わない。逆に、親が違うことで周りに気を使う、和を守ろうと気遣って生きるから、成長とともに人に対して自然に気遣い、気配りができるようになっていきました。

今の若い人たちをみると、幸せすぎて先が心配です。守られすぎている。「頑張らなくいいんだよ」と言いますが、なに言ってるの？　それは本当に頑張っている人にかける言葉です。頑張ってもいないのだから「まず、頑張れよ！」。

学校を出してもらったら、自分のことは自分でやって親からお金をもらうなんてとんでもないです。わずかでも親にお金を送るのが常識です。親はどんどん歳を取って弱っていくのですから。

私は楽天的で無鉄砲な性格ですから、周りを振り回すこともあります。そこは私の後を引き継いでくれる娘に謝って、なお理解してもらわなければなりません。

「お母さんは言うことが変わる」と娘から言われるけど、経営者はいつも仕事のことを考えているのです。ですから、その日の考えがベターではない。次の日になったらもっと良い案が浮かぶかもしれないのです。

私は娘に「多分、変わるという変化がなかったら商売は発展していかないと思うよ。商売にしてもこれがベストなんてないじゃない。一晩寝たらもっと良いアイデアが浮かぶかもしれない。ベターはたくさんあっても、ベストはないからね」と話します。

一晩寝て「ああ、ここはもっとこうしたほうがいいな」と思うと、再度提案します。すると娘が「昨日と違う！」と言いますが、そう言われても「それはそうだよ。考え方の角度を変えると、また違うアイデアが見えてくるんだから」と涼しい顔で笑っちゃいます。

たぶん私の周りの人はついてくるのが大変だと思います。でも、そこには一本筋が通っているからメチャクチャを言っている、やっているわけではないので伝わっていると思います。こんな私を娘はもちろんですが、社員のみんなも理解してくれています。ですから

一番の宝物、それは家族同前の社員たち
2015 年の " 決起大会 "

社員には心底、感謝です。身内は大変でもついてきてくれますが、他人の社員が何十年もよくついてきてくれると思うと本当に感謝です。

近い将来、娘に跡を継がせて、私は「もっと歳を取ったら次は何をしようか」と考えています。

10年ほど前は保育園とお年寄りのデイホームを併せたような施設を立ち上げることが夢でした。同じ敷地内に年寄りと子どもが一緒に遊んでいる、その光景がすごく好きで、その中に自分も入りたいと思っていました。

年寄りに育てられた子どもは穏やかで優しい子が多いじゃないですか。私の娘と息子がそうだったからよけいにそう感じるのかもしれません。私が育てたら、きっとあんなによい子にはならなかったでしょう。

保育園とお年寄りのデイホームを併せたような施設なら、お年寄りは幼い子どものパワーで元気になるし、子どもはお年寄りといることで優しくなるでしょう。

もうちょっとお金と年齢に余裕があったらやりたい夢です。年寄りの居場所と安全な子どもの遊ぶ環境整備、お互いの憩いの場所をつくって、お母さんたちにはもっと社会進出をして欲しいと思います。

多分、死ぬまでなにかをやっているのだと思います。どんどんアイデアも出てきます。今は「ガン患者のための個室美容室」と、夫の看病を使命として「生かされている命」を全うしたいと思っています。


私は末期ガンになって治療中の時、病室の窓から昇る朝日を眺めて「世界に、私に、なにが起ころうとも毎朝変わらずに朝日は昇ってくるんだ」と再認識していました。

明日、私が消えても変わらずに朝日は昇ります。それを目の当たりにしたとき、大自然の前で自分という生き物の小ささも知りました。

沼津の海岸の朝日はとても美しいものでした。その美しさにしみじみと打たれつつ、私は今日までたくさんの心ある人たちの「手」に支えられながら一歩一歩を刻むことができたのだと、感謝の気持ちでいっぱいになりました。

この本を手にとってくださり、ありがとうございます。

私は、読者のあなたがどんな人生を送られているのかはわかりません。でも今、とても辛く、悲しい時を過ごしているのでしたら、自分と周りの人たちの存在を再確認して、起こっている現象を素直に受け入れてください。そうすれば、必ず自分のやるべきこと、使命が見えてくるはずです。

本書がガン患者の方だけでなく、病を抱えている人たちに向けてのメッセージとなることを願っております。

著者

Sumi

http://www.sumikikaku.jp/

著者略歴

稲葉澄子（いなば すみこ）

1949年、静岡県浜松市生まれ。

24歳で結婚、一男一女に恵まれる。1973年に自宅の一部を改装し、「デラモード・イン・スミ」を開業。1996年、「サンフレンド松岡店」オープン。同年、有限会社すみ企画設立。その後、次々と特色のある美容室を展開するとともに障がい者のための送迎センターや美容師のための研修センターを設立する。

2008年にガン（ステージ4）の告知を受けるも、手術、抗ガン剤治療を経て完治。さらに多角的な美容室経営を積極的に推進する。現在、静岡県内に美容室5店舗を経営する敏腕女性社長として注目されている。

有限会社すみ企画代表取締役。SPC JAPAN メンバー。

http://www.sumikikaku.jp/

ガンにも感謝《かんしゃ》！これが私《わたし》の生《い》きる道《みち》

2017年1月24日　初版第1刷発行
著　者　稲葉澄子
発行者　鎌田順雄
発行所　知道出版
〒101-0051 東京都千代田区神田神保町1-7-3 三光堂ビル4F
TEL 03-5282-3185 FAX 03-5282-3186
http://www.chido.co.jp
印　刷　モリモト印刷

ISBN978-4-88664-291-2